Project 333

The Minimalist Fashion Challenge
That Proves Less Really Is So Much More

もう、
服は買わない

コートニー・カーヴァー
栗木さつき 訳

ダイヤモンド社

PROJECT 333
by
Courtney Carver

Japanese translation rights arranged with Courtney Carver
c/o Wendy Sherman Associates, Inc., New York,
through Tuttle-Mori Agency, Inc., Tokyo

Project 333

3カ月33着で過ごす

PART
01
Preparation
始める前の準備

PART
02
Start
さあ、始めましょう

PART 03

最初の3カ月が終わったら

After your first 3 months

PART

04

本当の自分を取り戻す

Be more you

PART

01

Preparation

始める前の準備

01

333

もう、服は買わない

ものがあふれる日々の生活を変えたい。朝、服をとっかえひっかえしたあげく、遅刻しそうになるのはもうイヤ。服を着て、いい気分で過ごしたい。仕事に、外食に、イベントに、何を着ていくか頭を悩ませるのには飽き飽き……。私はただ心の平安を求めていました。いつも服が足りないように感じるのもイヤでした。まるで、自分自身に何かが足りないみたいに。

女性は一度も着ない服に、年間平均550ドルも費やしているそうです。そして私たちは服を着ている時間の80%を、手持ちの服の20%だけを着て過ごしています。それなのにワードローブが、私たちの注意力、感情、スペース、時間の100%を奪っている。

あなたも、そんな生活から解放されたいのでは？

ささやかでいいから、心の安らぎを得たいのでは？

1年に1回、あるいは衣替えのたびにクローゼットの中身を整理するのは、大きな傷口に絆創膏《ばんそうこう》を貼って済ませるようなもの。自分の足に合う靴がない、今シーズンのトレンドのコートがない、完璧なリトルブラックドレスがない、最新のブランドバッグがない……。必要な量よりもはるかに大量のものを持っているのに、それでもまだ足りないと思い込んでいるのです。

いつも人と自分を比較して、スマートな広告に目を奪われ、とんでもない低価格のファストファッションに手を出して、私たちはものを増やし、増やし、また増やす。

それなのに、決して満ち足りることはありません。

服を減らし、本当に必要なものだけにする

本書で紹介する「プロジェクト333」は、あなたのクローゼットや日常生活にスペースをつくり、愛情あふれる毎日を送りましょう、という提案です。「より少ない」生活へと舵を切り、自分とものやショッピングとの関係、とくに、毎日身に着ける衣類を徹底的に見なおすチャレンジです。

プロジェクト333は、これまでの考え方を変え、服の着方を変え、自分が心から望んでいるものを知り、あなたのクローゼットと人生に本当に必要なものを知るチャンスなのです。

具体的に言うと、プロジェクト333では、3カ月間、33のアイテムだけで過ごします。このなかには、小物、アクセサリー、靴も含みます（ルールはのちほど）。

今、どんなふうに思いました？

「ふうん……やってみようかな」「私には向いてない」――なかには「マジですか……そんなの絶対無理！」と思った方もいるかもしれません。私がこのプロジェクトの説明をすると、「試してみる！」と積極的な姿勢を見せる方と、「絶対に無理！」と拒否する方の真っ二つに分かれます――最初のうちは。

だからこそ、こう言わせてください。

「どうか、自分の最初の反応を気にかけないで」。

本書を読み終える頃には、このささやかなチャレンジでどれほどの成果が得られるのか、そしてあなたのクローゼットと人生がどれほど大きく変わるのかが、きっとわかっていただけるはずです。

このプロジェクトを立ちあげた理由

私がこのチャレンジを始めたのは2010年のこと。クローゼットから服があふれ、どうにも手に負えなくなってしまったので、思い切って服を減らしてみることにしたのです。

それまでの数十年、私は服(やほかのアイテム)を買い続けていました。季節が変わるたびに新しい服を買い、どこかに外出する予定があるとまた服を買い足さなければ気が済みませんでした。「気晴らし」という理由も大きかった。買い物をすると気分が上向くのです。長続きはしないけれど。

そしていつしかクローゼットは満杯になり、そのあとは、入りきらないものを、箱、チェスト、ほかのクローゼットにまで詰め込みましたが、それでもあふれるようになりました。そして春になると衣替えの機会に少しだけ服を整理したり、新年を迎えるたびに「新しい年、新しい自分」という気分でものを少し減らしたりしていました。でもとうとう、もう家のなかのどこにもスペースがなくなってしまったのです。

私は服、クローゼット、ショッピングの習慣に関する考え方を改める必要がありました。その方法をネットで探してみたのですが、いくら検索しても、私が求めるメソッドは見つかりません。そこで、自分でつくることにしたのです。

2010年10月1日、私は自分に(そしてネット上で)、こう誓いました。

「3カ月間、これまでより少ない数の服で暮らす」と。

それがどんな結果になるのか、見当もつきませんでした。私はただ、穏やかな心の安らぎを得られれば、それでよかったのです。全身のコーディネートに悩み、人にどう思われるかしらと心配して、大量の衣類を保管することに多大な時間を費やす生活。もう、うんざり。これまでの人生、ずーっと買い物を続けてきたというのに、着るものがないなんて、どうかしてる。

このチャレンジを始めた時、私はフルタイムで働いていて、複数の雑誌の広告営業を担当していました（皮肉な話ですよね）。ですから、「これじゃ足りなくなるかも」「取引先の人たちに同じ服ばかり着ていると思われたらどうしよう」「こんなことするなんて、イカれてる？」などと不安に駆られていました。

私の仕事は人と会う機会が多く、イベントもありました。そしてプライベートでは家族の世話をして、ハイキングをして、夫や友人と外出して……ショッピングをしていました。ですから、わずかな服で生活する不安は大きかったのです。でも一方で、今変わらなければ、何も変わらないことがわかっていました。

プロジェクト333とは

「何を着るべきか」といったワードローブの原則を教えるものではありません

このプロジェクトは、何を着るべきか、着ないべきかといったことを提案するものではありません。参加した人のなかには、33アイテムを黒一色で統一した方もいれば、すべてカラフルな柄物にした方、無地あり柄物ありとミックスした方もいます。本書ではさまざまな例を紹介していますから、ぜひ参考にしてください。このチャレンジのいいところは、毎日、お気に入りの服を着られることにあるのですから。

●このプロジェクトは競争ではありません

このチャレンジでは、人と比較することはなく、互いに支え合い、励まし合います。互いに情報をシェアし、インスピレーションを得て、高め合っていきます。

●このプロジェクトは「科学《サイエンス》」ではありません

私が33という数字を選んだのは、これまでの体験から「3カ月間にはこのくらいのアイテムが必要」というリストをつくったからです。うまくいくかどうか自信はありませんでしたが、「3カ月間、33アイテム」を意味する「333」を口にした時の語呂がいいのも気に入りました。

私としては、まず33のアイテムから始めることをお勧めしますが、違う数のほうがいい方もいるでしょう。アイテム数の決め方については、またあとで詳しくご説明します。

苦しみながら続けるプロジェクトではありません

ある日の午後、私は33アイテムのなかの1着、ブルーと白のストライプのシャツを着て駅で電車を待っていました。ところが持っていたコーヒーがこぼれ、シャツがすっかり汚れてしまいました。私は一緒にいた娘と大笑いして、新しいシャツを買いに行きました。

33アイテムの何かが破れたり、染みだらけになったり、サイズが合わなくなったりしたら、何も不愉快な思いをしてまでルールを徹底する必要はありません。そのアイテムを修繕するか、ほかのものに替えるかしてプロジェクトを続けていきましょう。

「より少ない」服で得られる変化

プロジェクト333にトライし、クローゼットを整理して、「より少ない」服で暮らし始めた人が経験する代表的な変化を5つ、紹介しましょう。

1 浪費が減る

プロジェクト333をしっかりと実践するには、着る服の数を減らすだけではなく、

3カ月間、ショッピングを完全にやめなければなりません。それほど使っているつもりはなくても、靴、服、小物などへの出費（多額でも少額でも）は積み重なるもの。これまでどれほど浪費していたかに、あなたもきっと驚くはず。

2 時間ができる

先月、お店やネットでのショッピングにどのくらいの時間を費やしましたか？　届いたメールのなかから「限定特別セール！」といった件名の迷惑メールを削除するのに費やした時間は？　毎朝、服を選ぶのにどのくらい時間をかけていますか？　そして、買いたいものについて考える時間は？

これからの3カ月間は、その時間をすべて取り戻せます。

3 スペースができる

たとえ今すぐには処分しなくても、過剰なものの山があなたの視界から消えていきます。すると部屋にスペースができると同時に、あなたの頭のなかにもスペースができてすっきりします。

4 クリアになる

いったん33のアイテムを選んだら、3カ月間はもう「何を着ようか」と頭を悩ませる必要はなくなります。それに、今何がセールになっているのか、何を買う必要があるのか、ワードローブに何が足りないのかと気を揉む必要もなくなります。こうして意思決定の数を減らせば、自分にとって本当に大切なことについてじっくりと考えられるようになり、頭がクリアな状態で1日を過ごせます。バイバイ、決断疲れ。

5 解放される

似合わない服、大枚をはたいて買ったもの、もう着なくなった服でいっぱいのクローゼットは、開くたびに、あなたの貴重な時間と意欲を奪っています。以前は私も自分のクローゼットのドアを開けるたびに、これまでに浪費したお金と不満を「これでもか！」と見せつけられているような気がして落ち込んでいました。

けれど、そうした過剰なものがドアの外へと出ていけば、これまで感じていた罪の意識や負い目がなくなります。過剰なものを手放せば、もう十分に浪費してきたことがわかるのです——お金、時間、注意力、感情といったものを。

クローゼットにお気に入りの服だけが並んでいれば、毎朝、直視しなければならない過剰なものの重みからも、うしろめたさからも、解放されます。

私の「333」デビュー

人生を変えるこのチャレンジを詳しく説明する前に、自己紹介をさせてください。私は生涯愛する人と結婚していて、20代の娘が一人います。それから、私は作家で、ブロガーで、講演もしています。創造性はあるほうだと思いますが、性格は内向型です。長年、営業、マーケティング、広告の分野で働いてきました。ところが、2006年に多発性硬化症の診断を下され、それ以降、生活からストレスの源となるものを大幅に取り除いてきました（家のなかのガラクタを処分し、借金を完済し、持ち家も売りました）。いつも微笑んでいられる仕事をするために、安定した職を捨てました。そして、「Project333」というブログを書き始めました。

私が初めてこのプロジェクトに挑戦した時のアイテムを紹介しましょう。

- 服　21着
- 小物　6個

● アクセサリー　2個
● 靴　4足

私自身の33アイテムは時間の経過につれ変化し、進化してきましたが、結局いつも似たようなアイテムを選んでいます。最初はとにかくワードローブの数を減らすことしか考えませんでしたが、今ではひとつひとつのアイテムそれぞれにもシンプルさを求めるようになりました。簡単にお手入れができる？　ほかの服や小物と相性がいい？　私の身体にもライフスタイルにもフィットしている？　日常生活のいろいろな場面で機能する？

私はこれまでずっと「自分に似合う完璧なリトルブラックドレスがあるはず」「新しいスカーフを買えばコーディネートが完成するし、自分自身も完璧になれる」「あのパンプスを履けば（痛くてろくに歩けもしないのに）仕事がデキる女性に見えるはず」といった考えにとりつかれていました。

ところが3カ月間、「より少ない」服で暮らす挑戦をした結果、着ている服で「自分」という人間が決まるわけではないことがわかってきました。私が身に着けている服のことなど、ほかの人は気にかけていないのです。

そして、何より嬉しかったのは、「幸福になるためには○○をしなくちゃ」と思い込んでいることの量が減ったこと。

シンプルこそが最高のおしゃれなのです。

02

MORE

私のなかに住む「もっとモンスター」

完璧なトップスやジーンズがなくちゃ、生きていけない。だから、お勧めを教えて！——そんなふうに思っているのなら、これまでに買った服の数々を思い起こしてください。ジーンズをいったい何本、買いましたか？　シャツやニットを何枚買いましたか？　流行のバッグをいくつ買いましたか？　そして、そうしたものの数々は、あなたの人生でどれくらい役に立ちましたか？

実のところ、人生をがらりと変える服など存在しません。あなたを別の人間のように思わせてくれるアイテムもありません。いくらショッピングをしたところで、過去を修正することも、未来をバラ色にすることもできません。「もっと」が答えではないのです。

かく言う私も、以前は「もっと」を追求すればすべての問題は解決できると思っていました。もっとお金があれば、もっと大きなクローゼットがあれば、もっとショッピングすれば——それだけではありません。もっと頑張れば、好かれる、愛される、尊敬されるとも思っていました。それに日常生活のあらゆる場面で仕事量を増やせば、有能であることも証明できると考えていました。

ところが「もっと」「もっと」「もっと」と、どんなに頑張ってみても、以前より幸せにはなれませんでした。人との絆を強くすることも、健康になることもできませんでした。むしろ、その逆でした。「もっと」を追い求めた結果、いっそうストレスを感じ、うつ状態に陥り、ぎくしゃくした人間関係に苦しむようになりました。

そしてついに疲労困憊し、病気になってしまったのです。

私の「もっとモンスター」がとくに顔を出す場所は、クローゼットでした。太れば買い、痩せればまた服を買いました。いい服が見つからなければ、靴を買いました。外出やパーティーの予定があれば服を買い、合わせる小物も買いました。何かいいことがあった日はお祝いにショッピングに繰り出しました。気に入ったシャツが見つかれば、色違いまで揃えました(なのに黒ばかり着ていました)。ついていなかった日にも、ショッピングで気晴らしをしました。

こんなふうに「もっと」を追求するのは一方通行の道をまっしぐらに進むようなものでした――それも悪いほうへ。というのも、不満がつのるばかりだったからです。どこか、おかしい。でも、どこがおかしいのか、わからない。その正体を探ろうとするのではなく、私は懲りもせず「もっと」を求め続けました。もっとものを買い、もっと忙しく動きまわりました。

そうした生活に破綻のきざしが見えてきた時にも、まだ「どうにかやっていける」と思っていました。その状態を続けるほうが、問題に真正面から取り組むより楽に思えたのです。

ところが、どうにもこうにも耐えきれなくなり、少しものを処分してストレスを減らしてみたところ、長い間忘れていた感覚がよみがえってきました。気持ちが軽くなり、以前より健康や幸せを実感できるようになったのです。

ほどなく、「もっと」ではなく「より少ない」が新たなモットーとなり、思いもよらなかった方向性が見えてきました。なんと「より少ない」が解決策だったのです。世話をする、心配する、気にかける。そうしたものの量が少なければ少ないほど、気持ちが軽くなることがわかりました。そこで日々の食事も見なおし、カレンダーに書き込む用事の数を減らし、1カ月の出費を減らしました。

当初は、何十年もかけて集めたものがまさか私のストレス源であるとは思いもよりませんでした。ものが私を圧迫し、混乱させていたとは……。

とはいえ、ものの整理に取りかかってからも、初めはクローゼットについては見て見ぬふりをしていました。

私がクローゼットに大量の服をとっておいたのには理由がありました。なんといっても、ずいぶんお金をかけましたし、思い出にまつわる服もありました。それに、周囲の人は私のことを「身に着けている服」で判断するとも思い込んでいました。

このように、ワードローブには「自分らしさ」という問題がつきまとっていたうえ、複雑な感情もからんでいたため、直視したくなかったのです。そこでまず、日常生活のほかのあれこれをシンプルにするよう努力し、それが終わってから、いよいよクローゼットに取りかかることにしました。

こうしてプロジェクト３３３を開始したのです。

プロジェクト３３３に期待できること

初めに強調させてください。プロジェクト３３３を始めるからといって、クローゼットの余分な服をすべて処分する必要はありません。というより、それはまったくお勧めしません。最初はただ、余計なものを「隠しておく」だけでいいのです。

このチャレンジを始めたら、まずは不要なものをすべて見えないところにまとめましょう。こうしていったん見えなくすると、実際に身に着けて幸せな気分になれる服と、もう処分すべき服とを簡単に見分けられるようになります。

自分と余計なものの間に距離をつくれば、簡単に手放せるようになるのです。毎日、クローゼットのドアを開けるたびに目にしていた、あのガラクタを気にせずにすむのですから！

私が初めて33のアイテムで3カ月過ごしたあと、ほかの服をしまっておいた箱を開けた時のことはよく覚えています。なかを見てまず思ったのは「まったく、何を考えていたんだろう？」でした（笑）。着ても気持ちが浮き立たない服、二度と着るつもりがない服を、どうしてこんなに長い間溜め込んでいたんだろう？　そのうえ、着ないことに罪の意識を覚えながら、どうしてずっと時間を無駄にしてきたんだろう？

たった数カ月間、この箱と距離を置いた結果、私の頭に浮かんだのは「もう、全部手放さなくちゃ」ということでした。でも、このプロジェクトを開始した直後にすべてを処分していたら、きっと後悔したことでしょう。「また買いなおさなくちゃ」と、思っていたかもしれません。そんなことになれば余計にストレスが生じます。

ですから、このチャレンジを始める時には最初にすべてを処分しないようにしてください。3カ月間見えないところに隠して、目の前からものが消えたふりをするだけでOKです。

「もっと」ではなく、「より少ない」。それが、私の問題解決策の基本ですが、少ない服を着こなしていると、ある種の「もっと」を楽しめるようにもなります。その体験は人によってさまざまですが、私のところに寄せられた声をいくつか紹介しましょう。

- **朝、時間に余裕ができた**

これはほとんどの方が最初に感じることです。服をあれこれ試してみたり、どれにすべきかと思い悩んだりして時間を無駄にしなくなれば、ゆっくりと朝食をとったり、瞑想したり、ゆったりと落ち着いたペースで1日を始める余裕ができます。

- **節約できるようになった**

これは言うまでもありません。私の場合、プロジェクト333を始めてから買い物に出かける回数が4分の1ほどに減りました。

- **本当に大切なことに集中できるようになった**

外見や着るものに費やしていたエネルギーと集中力のすべてを、自分や世界にとって本当に大切なことに向けられるようになったところを、想像してみてください。

人から褒められるようになった

これは意外でした。褒められるようになっただけではなく、以前とは違う褒め方をされるようになったのです。「そのネックレス（あるいは靴）、いいわね」と言われるのではなく、「今日はとてもきれいね」とか「どこか変えた？　なんだかすごく素敵」と言われるようになりました。

自信がついた

ほかにも、気持ちの変化がたくさんありました。以前の私は服に頼り切っていて、「自信は内面から生じる」ことを忘れていたのです。

ここに挙げただけではありません。プロジェクト333にトライした人たちは、不安を感じなくなった、以前よりクリアに物事を考えられるようになった、集中力が高まったと報告しています。子どもと根気よく接するようになったとか、よく眠れるようになったといった感想も寄せられました。私たちに訪れたのは「内面の変化」だったのです。

どこから始めればいいの？

プロジェクト333は、ファッションや服だけの試みではありません。ただ、そこから始めるというだけです。クローゼットのなかのアイテムを減らすだけで、どれほどストレスが減り、どれほどスペースをつくり出せるか、どれほど節約できるか、そしてどれほどの喜びを得られるかがわかれば、なんだ、もっと早く始めておけばよかったと思うでしょう。

このチャレンジは、まずワードローブの数を減らすところから始めますが、その成果やそこから得た経験や考察は、服にとどまりません。むしろ、本当に上質なものが明確にわかるようになり、「より少ない」ほうが実は豊かであることを実感できます。

今のあなたが「もっと」では満足できないのであれば、「より少ない」をぜひ試すべきです。

03

EMOTION

感情はワードローブに左右される

これまで、服のおかげで幸せな気分になったことがありますか？　それとも、服のせいで悲しくなったり、頭にきたり、うしろめたさを覚えたり、自分はダメ人間だと思ったりしたことがありますか？

私は実際に服を手放すまで、それぞれの服に自分の感情がどれほど影響されているのか、まるでわかっていませんでした。家計のやりくりがストレスとなっているのは自覚していたし、スケジュールや仕事、人間関係にはストレスが付き物だということも承知していました。でも、まさかワードローブがストレスの源だったなんて。

むしろ服は、とりわけ服のショッピングは、ストレス解消になると思っていました。仕事でうんざりした日、悪い知らせにがっかりした日、多忙な毎日にぐったりした日、私はショッピングになぐさめを求めました。何か新しいものを買えば気分があがって、暗い気分から抜け出せる。それに、クローゼットのアイテムのひとつひとつに思い入れもありました。この靴は爪先がきつくて血流が悪くなってしまうけれど、汗水たらして稼いだお金をはたいたんだから、なんとかして履かなくちゃ。大学時代、ぴちぴちだったこのジーンズに、あと何キロか体重を落としていつかヒップをねじ込んでやる。素敵なスカーフだって何枚もあって、うまくキメられればワンランク上の洗練された女性になれるはず……。

妙な話ですよね。気分を上向かせるために買ったアイテムの数々で、私はいっそうみじめな気分になっていたのですから。

本当に新しい服が「必要」だからという理由で、買い物をすることはめったにありませんでした。退屈を紛らすため、仕事のうさを晴らすためにショッピングをしていたのです。新しいものを買えば少しは幸せになれるし、よりよい人生が実現すると、本気で信じてもいました。

たとえば、誰かからプレゼントされた服が似合わないと思っても、感謝と愛情のしるしに、それをいつまでもクローゼットに吊るしておく。そして、一度も袖を通さないことを申しわけなく思う。さもなければ、ある服をついに処分する気になっても、ずいぶん高かったのにとか、あちこち店を探しまわって買ったのにと思って、二度と着ない服なのにうしろめたさを覚える。

それに、もう着ない服をとってある状態もネガティブな感情の温床となっていました。私はいつも（最低）2種類のサイズの服を揃えていました――今の自分にぴったりのサイズの服と、ダイエットすればまた着られるサイズの服を。

こうした思い入れの詰まった服が山ほどあったので、私のクローゼットには服だけではなく、思い出やさまざまな感情が渦巻いていたのです。

感情を外に出し、解き放つ

高かったのにほとんど着ていない服、そもそも最初からサイズが合わなかった服に感じるうしろめたさ。何を着てもピンとこず、好きだったはずの服が床に散らばっている時のむなしさ。今日これを着て出かけたいと思える服がひとつもない時のイライラ……。

こうした感情は、実は服とはなんの関係もないところから生じています。そこで私は、服のことでイライラしたらちょっと気持ちを落ち着けて、イライラの本当の原因はどこにあるのか、考えることにしています。たとえばその日は悪い知らせを聞いて気落ちしていたのかもしれません。ただお腹がすいている、くたびれているのかもしれません。それを自覚せずに、服のせいにしてイライラしていたのです。

悲しい出来事があった時に着ていた服を見ると、つい悲しくなるものです。元カレのスウェット、昔の職場のユニフォームをいつまでもとっておくと、気持ちが滅入ります。今は亡き愛する人の衣類をとっておくのも本当の意味でのなぐさめにはなりません。ものにいくらしがみついたところで愛する人や大切な人間関係を取り戻すことはできないし、過去をよみがえらせることもできないのです。

クローゼットのドアを開け、こうした服の数々を見たとたんに、負の感情が湧きあがってきます。そして何よりやっかいなのは、着替えたあとに気分が落ち込む理由が自分ではわからないことです。だから毎日毎日、私たちはこの気が滅入る作業を繰り返します。仕方なく受け入れて、見ないふりをして、そのへこんだ気持ちを翌日に、翌月に、翌年に引きずっていく。

こうして気づかないうちに、私たちはわけもわからず自分を責め続けているのです。でも、そんなネガティブな気持ちを湧きあがらせたり、自分を責めたりしながら１日を始めたくはないですよね。

そのためには、気分を滅入らせるアイテムを手放して、感情を解き放ちましょう。

今すぐ負の感情を解き放つために、手放すべき服

●今の体型に合わない服

サイズの合わないものは、すべて見えないところに隠しましょう。ぴちぴち？　ぶかぶか？　どちらもクローゼットの外に出してください。たとえダイエットに奮闘していてすぐに体重を落とすつもりでも容赦してはいけません。今の自分、今の体型の自分を受け入れて、似合う服を着ましょう。今より太ったり痩せたりしたらその時にまた服を変えればいいのですから。

●プレゼントされたのに、一度も袖を通していない服

プレゼントをもらったら、その心づかいに感謝を。それで十分。もう着ることはないと思ったら誰かに譲りましょう。そもそも、いい大人なんですからもう服を贈り合うのはやめませんか？

自分のライフスタイルに合わない服

以前のライフスタイルに合っていた服を、いつまでもとってありませんか？　あるいは「こんなライフスタイルを送りたい」と憧れている生活にふさわしい服を買って、そのままにしていませんか？　それらの服はいったん隠してください。そして、今のライフスタイルに合う服を着ましょう。そうすれば日々の生活をもっと快適に、もっとしなやかに送れるようになります。

クリーニング代がかかって維持できない服

今手放さなければ、このあと何度も何度もクリーニング代を払うはめに陥ります。そんなに高くつく服を維持する義務はありません。もう、お役御免《やくごめん》です！

見るだけで気が滅入ったり、頭にきたりする服

見るたびに、昔の悲しい出来事やつらい日々を思い出してしまう服、「こんな服が似合うほど私は素敵じゃない」と、つい思ってしまう服。そうしたアイテムは手放してください。すると、ネガティブな感情からも解放されます。

モノやショッピングで気分が上向くことはない

自分の感覚に耳を澄ませば、あなたの身体が「ほら、ショッピングに出かけようよ」とは主張していないことがわかるはず。本当は、「お願いだから、私の世話をして」と言っているのです。

心の叫びに耳を傾ける時間を持てば、今必要なのは近所のショッピングモールやお気に入りのオンラインショップでの買い物ではないことがわかるはずです。ですから一時の気晴らしに走るのはやめて、本当の意味で自分をいたわってセルフケアをしましょう。いくつかセルフケアの例を挙げますから、ぜひ試してください。

セルフケア

- お風呂に入る
- 森林浴に出かけるか、長めの散歩をする
- 部屋で「お一人さまダンスパーティー」を開催する
- フェイシャルエステに出かけるか、室内でリラックスする（キャンドルを灯し、シートマスクをつけて、リラックスできる音楽を流す）

・落ち込んでいる時にいつも笑わせてくれる人に電話をかける
・「過去の自分」や「未来の自分」に手紙を書く
・誰かを手伝ったり、誰かの力になったりする
・朝、いつもより遅く起きる

普段から（べつに調子が悪くなくても）こうしたちょっとした工夫をして心身の調子を整えておきましょう。そうすれば、きつい日々が続いた時に備えて力を蓄えておけます。

企業やショップの広告は、「この商品こそあなたの苦しみをやわらげます」と、さかんに訴えかけてきます。でも、一人で過ごす静かな時間を少しでも持てば、心の声に耳を澄まし、自分が一番必要としているものがわかってきます。

周囲から不要なものがなくなった時に初めて、自分の日々の感情を直視できるようになるのかもしれません。すると緊張が解け、ほっとして、くつろげるようになります。

その時ようやく、ありのままの自分を思い出すことができるのです。

04

ECO

自分との対話はエコにもつながる

プロジェクト333を始めた頃は、とくに自然環境に配慮したり、エコを意識したりしていたわけではありませんでした。でも実際に取り組んでみると、エコ活動にも貢献できることがわかってきました。

服の数を減らすのは、あなたのためになるだけではなく、地球のためにもいいことです。服の数を減らしてシンプルな装いを心がけ、消費するものの量を減らせば、地球にやさしい方向へと大きな一歩を踏み出せるのです。

私の友人に、ファッションを通じて環境問題に取り組んでいるシャノン・ローアという女性がいます。その彼女が、世界のファッション業界が地球環境に及ぼしている悪影響をデータで示しているので、いくつか紹介しましょう。

- 世界では今、毎年、800億枚もの服が新たに消費されている

04

自分との対話はエコにもつながる

ECO

- 廃棄された衣類の95%は、リサイクルまたはアップサイクル（デザインなどを変えて新しい製品にアップグレードする）が可能
- アパレル産業が使用する水の量は、長さ50メートルのプール3200万面分に相当する。かたや、世界では11億人が安全な飲料水を確保できていない
- 価格25ドルのTシャツは、その製造に関わる労働者の賃金を2倍にしても、わずか1・35ドル高くなるだけ
- 手持ちの服をあと9カ月長持ちさせれば、各自が消費する炭素や水の量、そしてエコロジカル・フットプリント（人類が地球環境に与えている「負荷」の大きさを測る指標）を2～3割も減らすことができる
- 従来のポリエステル製の衣類がゴミとして埋められた場合、分解されるのに200年かかる
- 1本のジーンズ製造に使用される水の量は、自宅のトイレで使用する水の量の3年分に相当する
- アメリカ人女性は平均して、ワードローブの2割の服しか着ていない

アメリカン・アパレル・フットウェア協会によれば、アメリカにおける服の年間消費

量は1人当たり約65着。つまり毎年、ワードローブ一式を更新しているのです！　毎年丸ごと入れ替える必要なんてあるでしょうか？

当初は私自身、こうした統計データについて深く考えはしませんでした。自分の消費行動が社会に及ぼす影響に考えがいたらなかったのです。

ファストファッションの代償

エコのことも考えてワードローブを揃えなおさなくちゃ。そんなふうに考えると気が重くなってしまうかもしれませんね。お金だってかかるし、そもそもどんな服がエコなのかわからないのですから。

でも、あなたのワードローブを丸々変える必要はありません。1枚ずつ変えていけばいいのです。だって、一番環境にやさしいのは、手持ちの服を活用して消費を減らすことなのですから。手持ちのものを最後まで使い切り、代わりのものを買う時がきたら、次の点を検討してください。

次に挙げる5つの問いかけは、先ほど紹介したエコファッションの専門家、シャノン・ローアが提唱しているものです。

- どこで製造されていますか
- どのようにして製造されていますか
- 素材はなんですか
- 流行に関係のないデザインで、長持ちしそうで、この先何年も着られそうですか
- クローゼットのなかに、これと同じような服がすでにありますか

さらに、あなたが本当に必要としているかどうかも忘れずに検討しましょう。次の点を検討すれば、買う服の数を減らしても満足できるはずです。

- サイズは合っているか
- 着心地はいいか
- この服を着ていること自体を楽しめるか
- 着まわしがきくか

シャノン・ローアはまた、倫理的《エシカル》で持続可能《サステナブル》な製品を扱うネットショップも運営しています。エコファッションは以前よりもだいぶ買いやすい価格になっていますが、とは

いえファストファッションの店で売られているものとは価格が違うでしょう。でも、肝に銘じてください。どんなものにも支払うべき代償があるのです。あなたがその代償を支払っていない場合はほかの誰かが支払っています。この件についてもっと知りたい方は、ドキュメンタリー映画『ザ・トゥルー・コスト――ファストファッション真の代償』を、ぜひご覧ください。

お恥ずかしいのですが、私自身、お気に入りのデパートで定番の白のボタンダウンシャツを手にとっている時、地球の裏側で誰かが劣悪な環境でボタンをつけたり、生地を漂白したり、シャツを縫いあげたりしているところなど、想像もしませんでした。何もかもオートメーションの産物のように思っていたのです。

同様に、ベジタリアンとなって、食べ物が我が家の食卓にのぼるまでのプロセスに注意を払うようになるまでは、食品生産の手法が動物や人間や地球に悪影響を及ぼしていることには思いがいたりませんでした。そうした問題について考えること自体、ハードルが高かったのです。それに、問題に目を向けたからといって、一気に万事を変えるわけにはいきませんでした。そこで、最初はしばらく牛肉を食べるのをやめてみました。それから、次に豚肉、次に鶏肉というように、少しずつ肉を食べなくなりました。その間ずっと自分に生じた変化を観察して、この努力を続ける意味やモチベーションについて考え続けました。今は、ワードローブと化粧品に関しても同様の努力を続けているところです。

変化を起こすのは簡単なことではありません。新たな習慣を身に付けるのも一筋縄ではいかないでしょう。でも、ささやかな努力を重ねれば大きな成果をあげられることも忘れないでください。たとえば、関心のある記事を毎日、ひとつ読むだけでもいい。これを30日続ければ、あなたのものの見方や気持ちのあり方が変わってきます。すると、もっと大きな変化を起こせるようになります。それでもやはり、一夜ですべてを変えられるわけではありませんが。だからこそ、プロジェクト333を始めたとたんに、余計なものをすべて処分するのはお勧めしていないのです。実際には何も処分しないまま、着る服の数だけを減らすことが肝心です。

それに私はクローゼットの服をすべて処分して、エコファッションに総入れ替えするようなこともしませんでした。だってそんなことをすれば、実際には環境に悪影響を及ぼすことになるからです。消費するものの量を増やし、地球環境に廃棄物を排出するわけですから。遅かれ早かれ、どれも埋め立て地行きになることは目に見えています。

埋め立て地といえば、以前、ある女性から、ものを減らしてもっと自由な生活を送りたいと相談されたことがあります。その時彼女は「もうこれ以上、埋め立て地行きになるゴミを増やしたくありません」と言ったのです。そこで、私はこう応じました。

「製品を買ったその瞬間から、あなたはゴミを増やしているんですよ」と。

この事実からは、誰も逃れようがないのです。ものを再利用したり処理したりするもっと画期的な方法が見つからない限り、すべてのものはいつかは埋め立て地行きとなります。しかし、だからといって余分なものを処分してはならないわけではありません。環境問題は考慮しなければなりませんが、世界のゴミが増えてしまうから、環境に悪いからと、着もしない服をとっておいてはいけません。なんらかの方法でリサイクルするか、思いつく限り最適の方法で処分して、とにかく先に進みましょう。だって大切なのは、不要なものを処分したあとのあなたの行動なのです。着ない服や不要なものに貴重な時間を浪費するよりは、はるかに世界に貢献できるのですから。

読者のみなさんはもちろん、よりよい人生を送りたいと思っているでしょうし、それと同時に世界をよりよくするサポートもしたいと考えているはず。あなたのその気持ちが大切なのです。消費社会に背を向けた生活を始めれば、環境にやさしい行動ができるようになる。その結果、自分自身もいたわれるようになり、ほかの人たちにもエコに関心をもってもらえるようになるのです。

05

DECISIONS

決断疲れにさようなら

大人は1日に3万5000回も決断を下しています。どうりで、疲れるわけですよね。食べものから、お金のやりくり、家族、健康、仕事、そして、そうワードローブまで。どれを選ぶべきなのか、ほかにも選択肢はあるのか、こまごまと考え続けているのです。

自分の意思で自由に選べるのはいいことですが、選択できるものの数が多すぎれば、逆効果が生じます。

『なぜ選ぶたびに後悔するのか』の著者バリー・シュワルツは、選択肢が多いからこそ、私たちの幸福度は下がっていると述べています。

「選択肢がまったくない時、生活は耐えがたいといってもいい。選択肢が増えると、私たちの消費者文化がそうしているとおり、数ある中から選べることで、自主性、管理能力、解放感といった力強いプラスの価値が生まれる。だが選択肢の数がそのまま増え続けると、いくつものオプションを持つことのマイナス面があらわれ始める。選択肢が増えるほどマイナスの影響が膨らみ、やがてこちらが負担を背負いきれなくなる。こうなると、選択の自由はわたしたちを解放するどころか、萎縮させるものになる」

（『なぜ選ぶたびに後悔するのか――オプション過剰時代の賢い選択術』（バリー・シュワルツ著、瑞穂のりこ訳、武田ランダムハウスジャパン）

決断疲れのせいで萎縮した経験は、誰もがあるでしょう。すると決断を下すのを諦めて思わずリモコンに手を伸ばし、ぼんやりとテレビを観て過ごしてしまう。そうすればもう何も決めずにすむからです。イヤな気分になってまで決断を下すのを保留にしているのです。

このように、決断疲れはあなたの生活に影響を及ぼしています。決断は、仕事やメールなど、外部から迫られる場合がほとんどだと思うかもしれませんが、実際は、自分自身で決断の重荷を増やし、決断疲れを招いています。散らかり放題の部屋、調子のいい約束、選択肢の多さといったもので頭が混乱し、いっそう疲弊しているのです。

ですからここで、決断しなければならないことを整理しましょう。何度も繰り返し決断しなければならないことを減らし、合理化するのです。そうすれば、もっと重要なことについてクリアな頭で考えられるようになって、外部からあれこれ要求されて疲弊しがちな時にも回復力が強くなります。

たとえば、日に何度も「何を食べようか」と考えるのではなく、1週間、同じような食事をとってみるのもいいでしょう。メールやSNSをチェックする回数を減らすのもいいですね。朝、何を着ようかとよく迷う人や、ミーティングやイベントに何を着ていくか考えるのがストレスになっている人は、クローゼットの中身が決断疲れを招いています。服の選択肢が多すぎるのです。

プロジェクト333を実行すればこうした決断疲れとさよならできますが、ほかにも方法はあります。いくつか紹介しましょう。

1 「マイ制服」を決めてしまう

世界のリーダー、CEO、起業家といった人たちが、まるで制服を着用しているようにいつも同じような格好をしているのにはわけがあります。いちいち「何を着ようか」と考えなくてすむからです。子育て中の方、あるいは、ビジネスを立ちあげている方、地域活動に大忙しの方は、何を着るべきかといったささいなことに貴重な時間を費やしたくはないはず。ニューヨーク市でアートディレクターとして活躍しているマチルダ・カールは、ハーパーズバザー誌に寄せた記事のなかで、毎日、仕事で同じ服を着ている理由をこう説明しています。

「仕事用の制服を決めたおかげで、膨大な時間を無駄にせずに済んでいるの。『ええと、今日は何を着ればいいんだろう?』と、もう悩まなくていいから。それに、この黒いパンツと白いブラウスを着ていると、自分で自分をコントロールできていることが、日々、実感できる。それに、そもそも仕事用の制服を考え出したのは私じゃない。似たようなやり方は長年、広く受け入れられてきたでしょ――それが〝スーツ〟よ」

2 季節に合った服だけを出しておく

季節ごとにきちんと衣替えをしておけば、夏のワンピースを出すためにセーターの山を引っかきまわしたり、冬のブーツを探すためにサンダルの山を崩したりする必要はありません。今の季節に合わない服は、見えないところにしまっておきましょう。そうすれば、季節はずれのもののせいでわずらわしい思いをせずに済みます。

3 モノトーンの服を着る

いろいろな色の服を着なくちゃ。柄物の服も揃えなくちゃ。そんなプレッシャーを自分にかけるのはやめましょう。黒、青、白など、好きな色があるなら、その色で服を統一しましょう。

4 服以外のことに注意を向ける

あなたは自分が着るものについて、どんなふうに考えていますか。次のように考えることがあるのなら、服に対する考え方を改める必要があります。

- 着るものがない
- 今のワードローブに飽きちゃった
- これだけ頑張ってるんだから、新しい服を買ってもいいよね
- 「また同じ服、着てる」って、みんなに思われちゃう

こんなふうに考えたら、「もう服は十分にある」「もっと重要なことに集中するほうがいい」、と考えましょう。新しい服を求めてショッピングに出かけたところで、退屈は紛れません（その役目を果たすのは好奇心です）。あなたの日々の頑張りには、新しい服などよりもっとふさわしいご褒美をあげましょう。

5 買い物を減らす

クローゼットから着るものを選ぶだけなら、そんなに疲れないけど？　そう思うあなたは、実際に店舗に足を運んだところを思い浮かべてください。数千枚もの服からどれを選びますか？　それに、ネットショップには数百万枚もの服があふれています。たとえばアマゾンで新品のシャツを検索すると、30万もの選択肢があります。グーグルで「リトルブラックドレス」を検索すると、本書を執筆している時点で、2億9100万もの選択肢があります。もちろん、そこから条件を絞ることはできますが、そのためにはまた決断を下さなければなりません。ですからプロジェクト333では、3カ月おき、もしくはそれより少ない頻度での買い物を勧めています。季節の変わり目に、本当に必要なものだけを購入しましょう。

服を着る、服を買う、何を着るか決める。そんなことに、どうして労力を費やすの？

● 満たされず、不安だから

マーケティングの戦略を練る人たちは「今のままじゃ足りない」と、私たちにけしかけます。しかるべき服を買って着ていれば、今より幸せになれる、満足できると訴えかけてきます。実際、私たちは1日に5000以上もの広告にさらされています。1970年代には500だったというのに(それでも多すぎますね)。私自身、以前は広告会社の幹部として働いていました。ですから、はっきりと言います。広告会社や雑誌のメッセージは「この商品を購入すればよりよい人間になれる」と訴えかけているのです。もっと美しくなれる、もっと成功できる、もっと愛されるようになりますよ、と。それが彼らの仕事なのです。こちらから「もう結構!」と言わない限り、そうしたメッセージは際限なく垂れ流されてきます。

他人にどう思われるか、気にしすぎているから

私は自分が着ている服で自分を表現しようとしていましたが、そんな努力は無駄でした。だって、誰も私の服のことなど気にかけていなかったのですから。このプロジェクト333を始めた時、私はフルタイムで働いていて、富裕層をターゲットにした雑誌の広告営業の仕事をしていました。ところが、3カ月間、たった数着の服を着まわしていたというのに、誰にも気づかれませんでした。同僚も、クライアントも、誰も気づかなかった――そもそも、私の服など、他人にとってはどうでもいいことだったのです。

わずかしかないワードローブのなかから着る服を選ぶようにすれば、お気に入りの服を毎日着られるようになります。そのうえ「決断疲れ」からも解放されます。その結果、節約できた脳のパワーを、もっと意義のある決断、創造的なアイディア、日々の問題解決のために活用できるようになります。

「気を散らせるもの」と「本当に大切なこと」の間に境界線を引くのです。そうすれば大切なことに集中して取り組めるようになり、あなたの可能性は無限に拡がっていくはずです。

06

CRAZY

「クレイジー」なアイディアには無限の可能性がある

「こんなことするなんて、イカれてる?」。このひとつの疑問から、私は人生の大冒険へと繰り出し、大きな変化を遂げる道を歩み始めました。

今でも「こんなことするなんて、イカれてる?」と考えるたびに、思わず微笑んでしまいます。というのも、以前の私はひとたびこの疑問にとりつかれると、怖くてたまらなかったから。この疑問が頭に浮かぶと、「やめなさい、そんなバカなことを考えるの。冷静にならなきゃ。分別のある行動をとるのよ」と、みずからアイディアを打ち消していたのです。でも、そうしたクレイジーなアイディアをいくつか実行した結果、すばらしい成果をあげられることがわかったあとは、考え方を変えました。「イカれてる?」と不安に駆られると、その「クレイジー」なアイディアにこそ無限の可能性があるのだと、胸を高鳴らせることにしたのです。

病気になり、このまま人生の貴重な時間を無駄にしてはならないと気づくまでの私は、そうしたクレイジーなアイディアが思い浮かんでもすべて振り払っていました。ですから借金を返済する努力にも、室内のゴチャゴチャを整理して生活をシンプルにする努力にも、取り組めませんでした。そして、いわゆる世俗的な人生設計にしがみついていました。懸命に働き、昇進し、他人の期待に応え、収入の範囲内で生活しよう、と。そんな目標を立てていたので、当然のことながら、自分が心から求めているものは無視することになり、万事をそつなくこなそうとして燃え尽きてしまったのです。「世間の物差し」に自分を合わせていたんですね。

ところが、人生をもっとシンプルにしようと心がけ、日々の生活に時間と余裕ができると、自分の「クレイジー」なアイディアについてしっかり考えてみようという気持ちが湧きあがってきました。もうこれ以上、「人と同じ生活」にこだわりたくない。「世間の物差し」は、私にもうちの家族にも合わない。人と同じことをしていても幸せにはなれないし、健康にもなれない。

そもそも「普通《ノーマル》」ってどういう意味だろう？　そう考えた時、ハッと気づいたのです。私はこれまでずっと、普通の成功を苦労して追い求めてきたのだ、と。つまりその間、自分にとっての「成功」の意味を、他人に決めさせていたのです。

そこで私は頭に浮かんだクレイジーなアイディアをいくつか実行に移すことにしました。そのなかで成果をあげられたものを、いくつか紹介します。

家を売るなんて、イカれてる?

わが家は実際に一戸建てを売却し、半分以下の広さしかないアパートに引っ越しました。当然、収納スペースも少ししかありません。おかげで、オフの時間は本当に自由に過ごせるようになりました。

仕事を辞めるなんて、イカれてる?

退職するまでの半年間の綿密な計画を立てたうえで、私は退職届を提出し、20年近いキャリアに終止符を打ちました。怖かった? はい、もちろん! 辞めてよかった? はい、もちろん、それはもう間違いなく!

3カ月間、33以下のアイテムで過ごすって、イカれてる?

私がプロジェクト333を開始したのは、2010年のことです。このクレイジーなアイディアのおかげで、どれほどのお金と時間を節約できたことでしょう。そして今、あなたが読んでいるこの本まで誕生したのですから！

ごくわずかなワードローブを丸ごと抱えて全国を講演で巡るなんて、イカれてる？

２０１５年１月、私はごくわずかなワードローブを荷造りして、全国の33都市を講演で巡る旅に出ました。そのあとはさらに35都市を訪問し、今後も未知の土地に出かけるつもりです。旅先では、自分と似た考え方を持つすばらしい人たちと出会い、町を探索することができました。そのうえ、服の数を減らしてシンプルな生活を送れば人生がどれほど好転するかをみなさんにお伝えすることもできたのです。

以上の例は、私のクレイジーなアイディアのほんの一部です。これからも、たくさん思いつくことでしょう。今でも、「こんなことするなんて、イカれてる？」と思うたびに、私はつい「そうよ、そんなの絶対に無理」と、思わず考えてしまいます。

でも「絶対に無理」という言葉が浮かんだら、その時こそが絶好のチャンスだということもわかってきました。ですから、無理だと思った時ほどそのアイディアに関する情報を集めることにしています。そこから大きな変化が生じ、新たな分野での可能性が拡がるからです。

プロジェクト333の話を聞き、実際に行動を起こすまでの考え方の変化

「こんなことするなんて、イカれてる」
←
「ふーん、ちょっとおもしろそう」
←
「どうしてもっと早く始めなかったんだろう？　これ、すごい！」

ただし、この3つの考え方を経る期間には個人差がありますので、あせることはありません。

VOGUE誌のマーケティング担当者はプロジェクト333について、「極端」だし、そもそも「一般の人」向きではない、と述べました。でも、世界各地の数万もの人たちが、事実はその正反対であることを身をもって知ったのです。

このチャレンジが変わってるとか、クレイジーとか言われるのはいっこうにかまいません。でも、決して「極端」ではありません。

「より少ない」数の服で暮らすのは、何も修行ではありません。そのうえ意外なことに、このチャレンジは大半の人にとって、それほど難しい挑戦ではなかったのです。

本当に極端な行動とは……

極端な行動は、私たちの人生に悪影響を及ぼします。そうしたものは警戒しなければなりません。

●着ない服のためにローンで買い物をする

多額の借金を抱えていた頃、「他人の靴を履いて1マイル歩け」（相手の立場でものを考えなさいという意味）ということわざには、私にとって別の意味がありました。当時の私のクローゼットにあった大半の服や靴は、本当の意味で私のものではなかったのです。というのも、なんでもかんでもローンを組んで購入していたから。当然、日々の支払いに追われていたのに、それでも新しいジーンズや、完璧に思えた（実は完璧じゃない）細身のリトルブラックドレスを買って気を紛らしていたのです――クローゼットにはまだ値札がついたままの服が何枚もあるというのに。

まだ支払いが済んでいない服を、私は着ることさえしなかった。こうした状態こそ、「極端」です。

自分の価値をウエストのサイズで評価する

あなたも、朝、体重計に乗ったせいで、あるいは穿いたパンツがきつかったせいで暗い気持ちで1日を始めたことがあるのでは？　私自身、とにかく少しでもスリムになろうとこれまでありとあらゆるダイエットを試してきましたが、体重を測ったり、ショップで服の試着をしたり、手持ちの服がきつくなったりするたびに、自分に嫌気《いやけ》が差していました。服のサイズと私の中身とはなんの関係もないというのに。このように外見にとらわれて一喜一憂するのも、「極端」な状態です。

固定観念にしばられた服装をする

どうして体型や肌の色や年齢にふさわしい服を着なければならないのでしょう？　どうして少しでも細く見える服、小柄に見える服を探さなくてはならないのでしょう？　“Beyond Beautiful: A Practical Guide to Being Happy, Confident, and You in a Looks-Obsessed World”（『美しさを越えて――外見にとらわれる世界で幸福になり、自信を持ち、ありのままの自分になるガイドブック』、未訳）の著者アニューシュカ・リースはこう述べています。

「服はその人の体型に〝ふさわしい〟ものであるべきだという考え方は、雑誌の記事や日常会話でよく取りあげられます。ですが、そこからは恐しい事実が浮かびあがってきます。本人が気に入っていて、自分を表現するファッションよりも、社会が理想とする魅力に少しでも近づかなければならない、細く見えるファッションにこそ価値があるという考え方に、現代人はすっかり毒されているのです」と。なかなか手厳しい指摘ですよね。

私自身は着心地のいい服、身体になじむ服を着るのが好きです。決して「こうあるべき」という服は着ません。広告会社の幹部やマーケティング担当者は、自分たちが売り込んでいる服など実際には着ていません。だって、あの人たちは「気分」や「ライフスタイル」といったものを売り込んでいるのであって、服を売り込んでいるわけではないからです。あなたが何か足りないと感じているのなら、その欠乏感はこちらの商品で埋められますよ、と必死で説得しているのです。だから、「あなたには何かが足りない」と消費者に感じさせることに集中するのです。「足りない」と思ってもらえれば、その隙間を埋める商品を売り込めるからです。これが「極端」でなくてなんでしょう。

プロジェクト333などのチャレンジや多様なライフスタイルなど、すぐには理解できない事柄を「厳しすぎる」「極端だ」「不可能だ」と頭から決めつけてしまえば、あなたの好奇心や決意は行き場を失い、変化を起こしたいと思う気持ちもしぼんでしまいます。

このファッションチャレンジは決して極端なものではありません。これはいわば実験なのです。きちんとした方法でこの実験に取り組めば、あなたはむしろ楽しみながら、存在さえ知らなかった可能性の扉を開くことができるのです。

「絶対に無理」だと思ったことには、いつだって挑戦すべき

「絶対に」という言葉を使う場合でも、「もう絶対にしません」という宣言であれば、健全で、道理にかなっている場合もあるでしょう。自分で自分をダメにする行動とはもう縁を切ると宣言する場合です。

でも、あなたが自分に「絶対に無理」という場合はたいてい、自分で自分の可能性を狭めています。ですから、これから「絶対に無理」と言うたびに、何が無理なのか、よく考えてみましょう。すると、自分が「絶対に無理」と考えている頻度の高さにも気づくはずです。

「絶対に無理」という考え方は、私たちから健康な生活、やりがいのある仕事、愛情や幸福を奪い取ります。そして同じ生活をぬくぬくと続け、自己満足に浸るのです。

もし、あなたの「絶対に無理」が、考えるだけでも恐ろしく感じられるのであれば、最初はそれを書き留めておくだけにして、またあとでじっくりと検討しましょう。

次に挙げるのは、私やほかの人たちが口にした「絶対に無理」の例です。

- 借金を完済するなんて、絶対に無理
- 会社を辞めるなんて、絶対に無理
- 肉／甘いもの／パン／（あなたの好きな食べ物）を断つなんて、絶対に無理
- 起業するなんて、絶対に無理
- この町から引っ越すなんて、絶対に無理
- 「　　　　」をやめるなんて、絶対に無理
- 「　　　　」に挑戦するなんて、絶対に無理
- 「　　　　」の習慣を変えるなんて、絶対に無理

「自分には無理だ」と思い込んでいるだけでもよくないのですが、私たちは周囲の人たちに関しても勝手に「無理だ」と決め込んでいます。

「あの人たちが私の決断を支持してくれるはずがない」「彼は絶対に変わらない」「彼女は絶対にイエスと言わない」「私のことをクールだ／有能だ／十分な資格があるとみなしてくれるはずがない」などと決めつけるのです。

こうした「絶対に無理」という思い込みは、たいてい次の3種類に分けられます。

1 自分には絶対にできない、達成できないと思い込んでいるもの
2 自分には絶対にやめられない、変えられないと思い込んでいるもの
3 ほかの人には絶対にできない、達成できない、やめられない、変えられないと思い込んでいるもの

こう考えてみましょう。あなたの「死ぬまでにしたいことリスト」のなかに「絶対に無理」だと思い込んでいるものがあったら、どうしますか？　「絶対に無理」だと思っていることこそ、一番したいことだったら？　それなのに、傷つきたくないから、失敗したくないから、挫折したくないからという理由で、「絶対に無理」というファイルに押し込んでいるとしたら――？

でも、実は私たちには、こうした「絶対に無理」と思っていることに挑戦するだけの力があります。そして、挑戦すべきなのです。少なくとも挑戦したうえで、やはり願望は願望のままにしておくべきなのか、それとも人生を変えるほどの変化を起こすべきなのかを判断すればいいのです。そうすれば、仕事の面でも大きな変化を起こせるかもし

れません。

あなたの「絶対に無理」に挑戦しましょう。きっとすべてが好転するはずです。今よりは、必ずよくなります。恐怖心にとらわれて後ろ向きに決断を下すのではなく、事実に基づいて決断を下せば、望みどおりの変化を起こすことができるのです。

07

CURIOUS

好奇心を閉じ込めないで

プロジェクト333のことを聞いた方が、最初から好奇心全開で乗り気になるとは限りません。それどころか、頭から否定してまったく受け入れないこともあります。ですから、あなた自身、まだ完全に受け入れられない気がしても、どうぞご心配なく。

ここで少し深呼吸をしましょう。やがて、好奇心が湧いてくるはず。最初の反応は、決まりきった日常生活にそぐわないアイディアに対する、ごく自然なものなのですから。

私自身、そうした疑いを持った時期がありました。心の声が「変化は恐ろしい」とささやくのです。「変わりたくない」とつぶやくのです。けれど、しばらくすると心が別の声をあげ始めます。

「そうよ、私、何かを変えたい！　もしかしたら、これが第一歩になるのかも」と。

私がこのクレイジーなクローゼット革命を始めてから、すでに10年が経過しました。その間、私は研究と実験を繰り返してきました。ですから、ぜひあなたも好奇心をもって取り組んでみてください。するとワードローブに大きな変化を起こせるだけではなく、あなたの生活の一部、いえ、人生そのものに大きな変化を起こせるはずです。

私自身は、朝の身支度が楽になったとか、お金を節約できるようになったとか、ストレスが軽減したとかいう利点には気づいていましたが、このプロジェクトを試された方たちから「うつ病の症状が改善しました」「不安感が軽減しました」「おかげで転職に成功しました」「家のなかを整理してシンプルにできました」「起業できました」という報告をうかがえるとは、夢にも思っていませんでした。そして今でも日々、みなさんの反響から、そして自分の経験から、新たな発見を続けています。

このプロジェクトをまだ疑わしく思っている方にも、ぜひ、素直な気持ちで本書を読み進めていただきたいと思います。そして自分に問いかけ続け、今、あなたのクローゼットに入っている服の一部を頭に思い浮かべてください。

作家のエリザベス・ギルバートも、「好奇心とはありのままの自分になる方法を教えてくれる友人です」と述べています。

このチャレンジを始める前も、実際にチャレンジに取り組んでからも、好奇心を全開にしましょう。今、何が起こっているのか、アンテナを高く張りましょう。忙しさのあまり、今自分の身に起こっていることなんてわからないと思う方もいるでしょう。でもそんな言い訳をしていたら、自分の人生に目を向けることはできません。

本来、私たちは自分の人生を見つめて生きてきたはずなのに、だんだん「こういうやり方をしなくちゃダメ」と言われて、型にはまったやり方をするようになりました。すると自分の枠を自分で決めてしまい、日々のあり方に目を向けなくなるのです。何をすると思わず微笑んでしまうのか。どんなことで悲しくなるのか。自分がいい気分になること。落ち込むこと、興味があること、くたびれてしまうこと。そうしたことに注意を払うのをやめてしまうのです。そして、言い訳を並べます。だって、忙しいんだもの。だって用事が多くて、みんなの世話もしなくちゃいけないから、クタクタなんだもの……。けれど、自分自身に対して注意を払わなくなると、日々の生活を気持ちよく過ごすうえで、何が一番役に立つのかも見失ってしまいます。

このチャレンジに唯一できることがあるとすれば、それは自分自身を再び見つめなおすきっかけをつくること。ぜひ、試してください。その価値はあります。

みずから挑戦し、実際にやってみることに価値がある

自分の考えていることがすべて正しい。そんなふうに思っていたら、どうやってそれ以外の真実にたどり着けるでしょう？　私の場合、自分の思い込みをすべて捨て去ることにしたら事態は劇的に変化を遂げました。

「そんなことできるはずない。今のまま、安全で居心地のいい場所にいなさい」という不安の声の言いなりになるのをやめて、行動を起こすことにしたのです。すると、本当のこと、自分にとって一番いいことがわかるようになりました。その過程で、次のような試みに挑戦しました。

- 数カ月間、100のアイテムだけで生活する
- 3カ月間、33枚までの服だけを着て暮らす
- キャリーバッグひとつだけをもって、1カ月間、旅を続ける
- 砂糖、穀物、乳製品、アルコール、加工食品の摂取を30日間禁じる
- WHOLE30（ホールサーティ）ダイエット（66ページ参照）に取り組む

このように、みずから挑戦し、実験を重ねてみてよかったのは、「思い込み」や「想像」ではなく、実体験によって納得できたからです。

プロジェクト333は誰もが取り組めるチャレンジではありますが、ほかにもメソッドはたくさんあります。次にいくつかチャレンジを紹介するので、どれかひとつ試してみましょう（「そんなの無理」と思うものほど、ぜひお試しあれ）。

必要と思われる着替えの半分の量だけを荷造りして、旅や出張に出かける

これまで旅に出る時には、バッグにぎゅうぎゅうに荷物を詰め込んでいませんでしたか？　そのなかには、ほとんど使わないけれど万が一に備えて準備しただけのものがありませんでしたか？　荷物の量は思い切って半分に。1泊2日の旅に出るなら、1日分の荷物に減らします（これについては「27　旅の荷物」で詳しく説明します）。

1カ月間、SNSにポジティブなコメントやアイディアだけを書き込む

うっぷんを晴らしたり、ガス抜きをしたりする、手っ取り早い方法。それはSNSへの投稿です。ですから今後1カ月間は、フェイスブックやツイッターなどのSNSにポジティブな内容のものだけを投稿しましょう。すると、ネガティブな投稿をしている人

のことも敏感に察知できるようになります。それらの投稿が、あなたの生活やSNSになんの価値も加えていないのなら、フォローするのをやめましょう。忘れてはならないのは、受け入れてしまった情報は私たちのなかに残るということ。その人の意見に耳を傾け、もっと自分を向上させなければというモチベーションを持てないのであれば、受け入れてはならないのです。

「WHOLE30ダイエット」に挑戦する

30日間、砂糖、乳製品、加工食品、穀物、豆類、アルコール類を摂取しないで過ごします。この期間は体重を測定してはいけません。プロジェクト333が服だけに関するチャレンジではないのと同様に、「WHOLE30ダイエット」も減量だけを目指しているわけではないからです。

90日間、フェイスブックを断つ

フェイスブックなどのSNSに関わっていると、元気になるどころかぐったりしてしまう。そんなふうに感じているのなら、きっぱりと断ってみましょう。スマホからアプリを削除してアカウントを一時停止し、自分の人生を歩んでいきましょう。生きているうちにしたいことをひとつもおろそかにしてはなりません。

ミニマリズム・ゲーム

まず、あなたと同様、余計なものを処分したいと思っている友人か家族を誘って、一緒にこのゲームに取り組む約束をします。このゲームのルールは、1日ごとに処分するものの数を増やしていくこと。ですからゲーム初日は1個、2日目には2個、3日目には3個と処分していき、これを30日間続けるのです。服、家具、電化製品、道具、装飾品など、処分するのはどんなものでもかまいません。とにかく、あなたの家から——あなたの人生から——毎日、不要なものを処分していきましょう。

「1日に1個、不要なものを処分する」を1年間続ける

とてもシンプルな試みですが、1年後、あなたは365個のアイテムから解放されているはず。

感謝の気持ちを込めたカードをたくさん書く

親しい人に感謝の気持ちを伝えるカードやはがきを書きましょう。週に1枚、毎日1

枚、あるいは100枚書くなど、自分でルールを決めて1年間続けてみましょう。いつだって何かしら感謝することはあるのですから。

●メールチェックを1日1回、もしくは週1回にする

メールの受信箱から抜け出して自由な1日を取り戻したいのなら、メールにいちいち反応するのをやめて、メールをチェックするスケジュールを立てましょう。インターネットは24時間休みなく稼働していますが、あなたはそんな真似をしてはダメ。

●プロジェクト333

私としては、まず、このチャレンジから始めることをお勧めします！

挑戦する方法を自分で編み出すには

何か、好きでたまらないことがある。あるいは、変化を起こそうと苦労しながら頑張っている。そんな時は、とにかく「楽しむ」ことをモットーにしましょう。そして、自分で実験するつもりで、何か新たなチャレンジを編み出してみましょう。

まず、あなたが今直面している問題、あるいは大切に思っていることを明確にします。

次に、その問題に関してどう考えているか自問する質問を書き出して、リストにします。そして最後に、いつまでにこの目標を達成するという期日を設け、自分なりのルールを定めます。

ここまで決めたら、それを公表します。新たなチャレンジを始めたことを友人や家族に伝えるのもいいですし、ハッシュタグをつけてSNSに投稿し、世間に知ってもらうのもいいでしょう。

あなたがどれだけ成長できるかは、今の自分の状況をどれだけ真剣に見つめて、改善できるかにかかっています。ぜひ、好奇心を全開にして、取り組んでください。

08

QUESTIONS

「なぜ取り組むの？」と問いかける

ワードローブを減らすチャレンジなど何かを大きく変える試みに取り組む前に、必ず確認しなければならないことがあります。それは「なぜ」（WHY）、そのチャレンジに取り組むのかという理由や大義です。

理由や大義（WHY）はいつだって手法（HOW）より重要です。だって、やり方なら簡単に見つかります。誰かに聞いてみてもいいし、本や記事を読んでもいい。グーグルで検索すれば、いろいろなメソッドが出てきます。あなたのWHY（ひとつの場合も、複数の場合もあるでしょう）が強いからこそ、そうしたメソッドを実際にねばり強くやり続けることができるのです。

くじけそうになった時、頑張る意欲が薄れた時、あなたのWHYを起爆剤として使いましょう。あなたのWHYは、「楽しそうだから」「これ以上クレジットカードで買い物をしたくないから」「着るべき服がいつもない状態（なのにクローゼットは服でぱんぱん）にうんざりしているから」など、いろいろあるでしょう。私のように、ちょっとした心の平穏を求めているだけなのかもしれませんね。

この項では、「07　好奇心を閉じ込めないで」の内容を参考にしつつ、このあとで挙げる問いかけをしてください。プロジェクト333に取り組む前、最中、そして取り組んだあとなど、時期はいつでもかまいません。時間を割いて問いに答えれば、このプロジェクトに取り組んだあと、大きな成果をあげられるはずです。自分の答えに少々驚くかもしれません。

「問いかけ」に対する答えには正解も不正解もありませんし、時間の経過につれ、答えが変化していくのも意外ではありません。ゆっくりと時間をかけて深く考えながら起こした変化は長続きします。チャレンジを始めたら、自分の内面をじっくりと観察して、人生に真の変化を起こしましょう。あなたにはそれだけの価値があるのです。

では、ペンを取り、紙や日記に、問いかけに対する答えを書き出しましょう。お茶をいれたり心地よい音楽をかけたりしてリラックスするのもいいですね。

ただし、格好をつけて答えを書いたり、自分の答えを批判したりしないこと。ほかの誰にも見せる必要はありませんし、読み返す必要もありません――そうしたくなるかもしれませんが。

プロジェクト333に取り組む前に問いかけてみましょう

次の問いに答えれば、モチベーションをはっきりさせたうえで、信念をもって前進できるはずです。答えが「わからない」である場合は、またあとでこのページに戻り、問いかけてみましょう。最初は認めたくなくても、だんだん答えがわかってくるはずです。

Q

- なぜプロジェクト333を試してみたいのですか?
- プロジェクト333の内容を知った時、最初にどう思いましたか?
- 革新的な新しいアイディアを耳にすると、いつもそんな風に思いますか?
- プロジェクト333のどんなところに興味を持ちましたか?
- このチャレンジのなかで、もっと知りたいことや試してみたいことはありますか?
- 3カ月間、最後まで頑張ってやり遂げるうえで、一番の不安や心配はなんですか?
- どうすれば、最後までモチベーションを保てそうですか?
- このチャレンジに一緒に取り組んでもらいたい人はいますか?

今のワードローブを見なおして、どのアイテムを残そうかと検討する際に、次の問いかけをしてください

以下の問いに答えれば、あなたが服をどんなふうに利用しているのかがわかり、興味深い事実が明らかになります。そしてチャレンジを終えたら、またこのページに戻ってきて問いに答えてください。その答えが前回とはまったく違っていることに驚くはずです。そしてあなた自身も、きっと大きく変わっているでしょう。

Q

- 気に入っている服の組み合わせを3つ挙げるとすれば、それはどれですか？
- 着る頻度が高い服はどれですか（ほかにも服はたくさんあるのに）？
- 選んだ服のどんなところが着心地がいいのか、それぞれ説明してください
- 何色の服を着ていると、晴れやかな気持ちになりますか？
- クローゼットにはどんな色の服がありますか？
- これからもう二度と着そうにないのは、どの服ですか？
- もう着ないつもりなのに、まだクローゼットに置いてある理由はなんですか？
- 着心地が悪い（きつい、ぶかぶか、ちくちくするなどの）服はありますか？
- どうしてそうした服をまだクローゼットに置いてあるのですか？（この答えを考え

ているうちにハッとしたら、質問に答えるのをいったん中断して、クローゼットのなかにある「もう着ない服」「着心地の悪い服」をすべて取り出しましょう。今のあなたの身体にしっくりと合う服、快適な服を着ればいいのですから！）

- 自分のライフスタイルについて説明してください。自宅ではない場所で仕事をしていますか？　あなたは活動的ですか？　自宅によく人を招きますか？
- すぐに服をダメにしてしまい、服を長持ちさせるのが苦手ですか？
- 出かけていく場所や会う人によって服装を変え、違うイメージを演出しますか？
- 上昇志向が強く、憧れている（夢見ているライフスタイルにぴったりの）ものを買うのが好きですか？
- セール品が好きですか？
- お買い得品をゲットできた時には、それについて人に話すのが好きですか？
- 服を買うのは、主にセールの時ですか？　それとも、よく衝動買いをしますか？
- クローゼットのなかに、半額で買えはしたけどまだ値札がついたままのものがありますか？
- 「買っちゃえば？」とあなたに勧めるのは誰ですか？　このチャレンジに取り組み始めたあとも、その人たちとショッピング以外のことを楽しめますか？

08

「なぜ取り組むの？」と問いかける

QUESTIONS

買い物は、あなたの好きな気晴らしですか？

どんなことがきっかけとなって買い物をしたくなりますか？　何か新しいものが欲しくてたまらなくなるのは、どんな時ですか？

新しいものを買ったあと、その高揚感はどのくらい続きますか？

手持ちの服をすべて処分して丸ごと新しい服を買いなおすとしたら、どんなアイテムを買いたいですか？

あなたのクローゼットにある服や小物がすべてお店に並んでいるところを想像してください。そこで買い物をしなければならないとしたら、どのアイテムをまた買いますか？　もう買わないのはどのアイテムですか？

服、アクセサリー、小物、靴に、この10年でどれくらいお金を使ったか、計算してください（その合計額に、ウソでしょ！と驚くはず）。それだけの金額のお金が今手元にあるとしたら、あなたは同じアイテムをまた購入しますか？　ほかの服を買いますか？　それともまったく別のものに使いますか？

3カ月間、手持ちのアクセサリーや小物をすべて箱にしまって、お気に入りのスカーフ1枚とネックレスひとつだけを手元に置いたら、どんな気分になるでしょうか？

プロジェクト333を開始したら

チャレンジを開始したら、次の質問に答えてください。どれも、あなた自身に関する質問です。だってプロジェクト333は、あなた自身に変化をもたらすチャレンジなのですから。

Q

- あなたが愛している人は誰ですか？
- あなたが気にかけていること、関心を持っていることは何ですか？
- 涙が出るほどあなたを笑わせてくれるものはなんですか？
- そんな人がいるとしたら、それは誰ですか？
- いつかやってみたいと思ってきたけれど、時間に余裕がなくてまだできていないことは何ですか？
- どんなふうに自分をいたわっていますか？
- 毎日、もっと時間に余裕があったら、どんなふうに過ごしたいですか？
- 1週間単位で考えたら、どうなりますか？　1年単位で考えたら、どうなりますか？

- 日々の生活で今よりストレスが減り、もっと穏やかな気持ちになれたら、どんなふうに感じるでしょう？
- どんなことに夢中になりますか？
- 純粋に興味があるからではなく、義務感からしていることはなんですか？
- 「ノー」と言いたいのに「イエス」と言った最近の例を、３つ挙げてください
- これまでショッピングやセールへの外出など、ワードローブにアイテムを増やすために費やしていた時間、お金、労力を、本当に大切なものに投資したらどんな成果があがると思いますか？
- もう十分にものは持っている。その事実を認めることができますか？
- 自分はもう十分に足りている。その事実を受け入れ、喜ぶことができますか？

プロジェクト333を1回、最後までやり遂げて、また再開する前に

チャレンジを開始して、最初の３カ月が終わる頃に、次の問いに答えてください。

Q

- このチャレンジのどこが気に入りましたか？

Q

- このチャレンジのどこが気に入りませんでしたか？
- このチャレンジを友だちに勧めようと思いますか？　その答えを選んだ理由は？
- プロジェクト３３３を試してみて、驚いたところはどこですか？
- 始める前に想像していたよりも難しかったこと、簡単だったことはなんですか？
- 自分なりにルールをひとつ減らす、あるいは増やすとしたら、それはどんなルールですか？
- あなたの人生をよりよい方向に進めるために、このチャレンジのルールをどんなふうに変えていけそうですか？

なかには簡単に答えられない問いもあるでしょう。もしかすると今は答えがわからないのかもしれません。その場合は、このチャレンジを開始して1カ月が経過するたびに、また答えてみましょう。くどいようですが、これらの問いに答えた結果、想像していた方向とはまったく別の方向に進むことになっても、驚いて答えを変えたり、自分の答えを批判したりしないでください。

PART

02

Start

さあ、
始めましょう

09

CLEAN

クローゼットをいったん空っぽにする

ワードローブに残す33のアイテムを選ぶ前に、最初にクローゼットをいったん空っぽにして、隅々まで掃除しましょう。

「さあ、始めよう！」という気分を高めるには、一度、白紙の状態に戻すと効果抜群だからです。

クローゼットの大掃除やゴチャゴチャの整理は、一生続くバトルになりかねません。33ワードローブの試みを始めるまで、私は季節ごとに衣替えをしていました。数カ月おきに服を見なおし、ものを移動し、少し処分し、それ以上の量のものを新たに加え――いつもガレージから衣装ケースをえっちらおっちら運んでは、わずかな衣類を寄付し、また喜び勇んでショッピングに出かけて、新しいシーズンの服を買い足していたのです。

これって、まさに悪循環ですよね。

09

クローゼットをいったん空っぽにする

CLEAN

プロジェクト333を開始するまで、私がやっていたのはその場しのぎでした。何しろものを整理するたびに、空いたスペースをすべてもので埋めたいという願望に駆られていたのですから。

クローゼットに限った話ではありません。家中のガラクタを整理したあとも同じように思っていました。これではキリがありません。気持ちよく呼吸し、何かを創造し、穏やかな気持ちで自分を見つめ、夢を見て、愛する人たちと時間を過ごし、ありのままの自分と向き合い、自分にとって大切なものに真摯に取り組むには、やみくもにスペースを埋めようとする行為をやめなければならないのです。

ゴチャゴチャを一掃し、ものを処分しましょう。そして、用事に忙殺されてくよくよしては胸を痛める毎日とも決別を。

最初は心にぽっかりと穴があいたようで寂しくなるかもしれませんが、だからといってまたスペースをもので埋めてしまっては元の木阿弥《もくあみ》です。

スペースをもので埋めるのをやめる

新居に引っ越したり、不要なものを処分したりしたあとは、何もないスペースでそのまま暮らしてみて、本当に必要なものや欲しいものは何か、時間をかけて考えていきましょう。決めるのはあなたです。

また、つらいことがあったり、大切な人と別れたりしたあとは、むしろその感情を受け入れ、そこから何を学べるのかがわかるまで時間をおきましょう。そのむなしさを、多忙な日々、ショッピング、暴飲暴食などで麻痺させてはダメ。そんなことをしても痛みは消えません。

クローゼットを片づけたあと、服がかかっていないハンガーが増えても、また買い物に走ってはいけません。少ない数の服で生活して、自分にとって「足る」とは何を意味するのか、よく考えましょう。あなたの身体、あなたのライフスタイルに合わない服でスペースを埋めるのはもうおしまいにするのです。

列に並んで待つ間、電車やバスにゆられている時、長い1日を終えて一息ついている時、スマホを漫然とスクロールするのはやめて、ただ過ぎゆく時間に身をゆだねましょう。

約束がキャンセルされた時、「することリスト」から用事が減った時、その空白はそのままにしておきます。そして余白のなかで深呼吸しましょう。「すること」をまた増やしてはなりません。そして、「今」という瞬間をいつくしみましょう。初めのうちは、その空白にむずむずするかもしれません。でも、そこに答えがあるのです。そしていずれ時期がきたら、あなたが心から望んでいるものにあてる余白が手に入るのです。

クローゼットをいったん空っぽにする

次のステップを踏んで、楽しみながらクローゼットを空っぽにしていきましょう。クローゼットを空っぽにする作業は、おそらくこれが最初で最後になるはずです。

準備

クローゼットを空っぽにする日にちを決めて、カレンダーに書き込みます。あなたのクローゼットの状態にもよりますが、作業には2〜5時間はかかるので、その日はほかの予定は入れないでください。お子さんがいらっしゃる方はベビーシッターをお願いするなどして、どなたかに預けましょう。スマホやパソコンの電源も切って作業に集中します。

BGMとして、2種類のプレイリストを用意します。まずは聴いているとハッピーになって気持ちがあがる曲、もうひとつは、穏やかな気持ちにしてくれる曲を選びます。こうした音楽を聴いていると、作業がはかどります。

水を入れたボトルも用意。これは一種のマラソンですから、途中で水（とおやつ）が必要になるはずです。

スタート！

クローゼットを空っぽにします。はい、何もかも全部。今はまだ、残すアイテムを分けなくて大丈夫。ただひたすらすべてをベッドの上に出します。何もかもベッドに積みあげてしまえば、寝るまでには終わらせなくちゃと、やる気が出ます。

チェストや衣装ケースなど、ほかの場所にも服をしまってあるのなら、それも全部、ベッドの上に載せます。靴、小物、アクセサリーなども積みあげてしまいましょう。何から何まで、容赦なく。

次に、クローゼットの掃除をします。隅々まできれいにしましょう。換気も忘れずに。

休憩

ちょっと休憩。散歩に出かけます。クローゼットから、服から、うしろめたさの山から、ストレスから、ありとあらゆる感情から、距離を置きましょう。歩いて、深呼吸をして。肩の力を抜きましょう。

再開!

少し水を飲んで、音楽のボリュームをあげましょう。

ベッドの上のものを3つの山に分けて、床に積みあげていきます。この一次選考は情け容赦なく、どんどん進めてください。あまり考え込まず、第一印象で決めましょう。

次の3つの山に分けてください。

1 **大好き!**

すごく気に入っている。私によく似合っているし、着る頻度も高い。

2 **どちらともいえない**

とっておきたい気がするけど、理由はわからない。

3 **さよなら**

私に似合わないし、私のライフスタイルにも合わない。生地が傷んできたし、状態が悪い。

ベッドの上に何もなくなるまで、この作業を続けてください。

最後には、床に3つの山ができているはず。ここまで済んだら、ベッドに寝転がって、宙に高く足を突きあげて、「あと少し！」と大声で叫びましょう。

ここで、また休憩します。水を飲んで、おやつを食べましょう。

最終選考

さよならと判断したものは、すべて処分対象です。

次に、「大好き！」と「どちらともいえない」のふたつの山について最後の仕分けをします。判断が難しい服が出てきたら、次のように問いかけてください。

A 買い物に出かけて、店にこれと同じ商品があったらまた買うだろうか？

B 今後3カ月の間に、あるいは半年間に、あるいはいつか、この服を着るだろうか？

答えが「ノー」なら、新しく別の山をつくりましょう。そして、その山のアイテムは寄付用の箱に入れて、また見えないところにしまっておきます。

この作業をすべて終えて、あとに残ったアイテムをクローゼットに戻しましょう。今の季節に着ない服であれば、衣装ケースに戻します。

プロジェクト333を続けるのは3カ月間だけですが、この「クローゼットを空っぽにする」作業が出発点になります。これを、あなたがこの先もずっと変化していくための出発点、何もない空間に心地よさを覚えるための出発点、心の痛みをやわらげ、よりよい手段を見つけるための出発点にするのです。

もしかすると、またクローゼットを空っぽにする作業をすることになるかもしれませんが、その時には手放すものが減っているはずです。

10

ELIMINATE

処分の方法

いらなくなったアイテムを処分しようと思っても、腰が重くてなかなかできないという人は多いのではないでしょうか。クローゼットと人生をシンプルにするうえで欠かせないプロセスですが、皮肉なことに、その作業そのものは複雑で気が重いものです。

どれをとっておいて、どれを寄付して、どれを売ればいいの？　どうやって売ればいいの？　どこに寄付すればいいの――？

まず、明らかに不要なものを分けていきましょう。もうサイズが合わない（長年、きつかったり、ぶかぶかだったりする）服、これまで一度も着ていない服ですね。

どれを処分すればいいのかわからず、頭を抱えているあなたは、次の条件に当てはまるものを処分していきましょう。

処分する服

- 肩パット入りのトップス（最近また流行のきざしが見えているとしても）
- 高校を卒業してから、もうヒップが入らなくなっているジーンズ
- 一度きりのイベントのためのフォーマルウェアや新婦付き添いのドレス（「まだ着られるかも」と思っていても）
- あなたの元〇〇のもの
- トナカイ柄やサンタ柄の派手なクリスマスセーター（お願い処分して！）
- 破れたり、穴があいたりしている服
- シースルーの服
- とってもキュートだけれど、痛くて歩けない靴
- 見るたびに悲しい気持ちになる思い出の品
- もう着なくなったコート（防寒具を必要としている方に寄付しましょう）
- もう似合わなくなった思い出の品（写真だけ撮っておきましょう）
- 子どものためにとっておいた服（お子さんはあなたのお古を着たいとは思いません）
- お直しが必要なのに、一度も直していないもの

・ドライクリーニング専用なのに、自分で洗濯して台無しにした服
・もうかぶらない帽子（「いつか、かぶるかも」と思っていても）
・サイズの合わないブラジャー（今のバストにフィットしたものに変えましょう）
・余分なハンドバッグ。ひとつあれば十分です（グサッときたでしょう？）
・あなたのものではない服（持ち主に返しましょう）
・洗っても抜けない妙な臭いがするもの
・着ていると擦れて肌に跡がついたり、ぶつぶつができたりする服
・今着ている服にまったく合わないスカーフ
・下着が見えてしまう服
・キツキツの服。着ている間は息をとめなくちゃならない服
・旅先で買ったけれど、普段は着ない服
・短かすぎるパンツ
・長すぎるシャツ
・スパンコールやラメ入りの服（あなたがシックでシンプルな服がお好きなら）
・どうしてもとれない染みがついているもの
・うしろめたさを感じるアイテム（高価だったので捨てられないと思っているのなら、そ

んな罪の意識は振り払いましょう。今処分しないとこれからもずっと不要なものに注意を払い、貴重な時間を費やすことになります）

- 同じようなもの（紺のブレザーが素敵だからといって、色違いで揃える必要なし）
- スーツの上着だけ、もしくはパンツだけ（足りないほうだけを入手できるわけではありません）
- ペットのように眺めたり撫でたりするだけで、実際には着ない服
- 使うあてのないヨガパンツ

こうしたアイテムの大半が（スパンコール付きの服まで）、私のクローゼットにもありました。そして、すべてを処分して本当によかったと思っています。もしあなたがこのリストのどれかに強い拒否反応を示したのであれば、深呼吸しましょう。そして自分にこう質問していただきたいのです。「なぜ、着もしない服をとっておくの？」と。

たしかに最初は葛藤もあるでしょう。そこで、自分なりのルールを決めてしまいましょう。いったんルールを決めてしまえば、このアイテムはどうすべきだろうといちいち悩まずに済みます。

次に、実際に私が活用したルールをご紹介します。あなたにもしっくりくるとは限り

ませんが、ぜひ参考にしてください。

売る

もしあなたに借金があって、そのアイテムが50ドル以上で売れそうな場合、「売る」ことを検討しましょう。私としては、安価なアイテムは寄付して、高級ブランドのバッグやアクセサリーは売ることをお勧めします。複数のアイテムや服をまとめて売るとうまくいくかもしれません。たとえばワンピースを1着だけ売るのではなく、5着まとめて売るのです。

寄付する

とにかく、さっさとワードローブにスペースをつくりたい。そんな時に、不要なものを手っ取り早く処分する方法が寄付です。

不要なものを箱に詰め、不用品の寄付を受けつけている団体などに寄付しましょう。

あとで手放したことを後悔するんじゃないかしら。また同じようなものを買うことになるんじゃないかしら――そんなふうに不安に思っているのなら、とりあえず何カ月か、それを見えないところに隠しておきましょう。そのアイテムや、箱に収納したほかのアアイテムを使いたくなったら、家のなかに戻せばいいのです（箱ごとではなく、必要になったアイテムだけ）。数カ月たってもう箱のことなどすっかり忘れてしまい（たいてい忘れます）、とくに必要だとも思わなければ、その時はきっぱりと手放しましょう。

とっておく

また使うことがわかっている場合。たとえば、現在求職中、もっと子どもが欲しいと思っている、引っ越しを計画中といった理由で、今は使っていないけれど、人生の次のステージに進んだらまた使う可能性があるものはとっておきましょう。それにもちろん、季節が変われば使うもの（冬のコート、スキー、水着など）はとっておきます。

とっておいてはダメ

「大きくなったら、うちの子が使うかもしれない」と思っているものは処分しましょう。「子どものためにとっておきたいの」と、よく親御さんは言います。その一方で、お子さん（もう大人です）からは「親のものなんか使いたくないけれど、そうストレートに親には言いにくくて」という声をよく聞きます。

あなたが使っていたもの（あるいは、お子さんが昔使っていたもの）を、お子さんが欲しいかどうかを知る方法はただひとつ。当人に直接、尋ねるのです。意外な方法に思えるかもしれませんが、とにかくお子さんに連絡をとってみましょう。「ああ、あれね！　欲しい」と言われればお子さんにあげましょう。お子さんが独立しているのであれば、今すぐあげてしまいましょう。お子さん自身が望んでいないのにそうしたものを保管しておくべき理由はありません。

その反対に、お子さんから「なーんにもとっておかなくていい。全部いらない」と言われたら、その言葉を信じてすぐに手放しましょう。ただし、そのお子さんの言葉にくれぐれも傷つかないように。お子さんは「あなた」を愛しているのであって、「もの」を愛しているわけではありません。

また、なかには「万が一」に備えてものをとっておくという方もいるでしょう。ところが「万が一」に備えてとっておいたものを実際に使うことなど、めったにありません。試しにあなたのクローゼットの奥のほうをのぞいてみてください。ガラクタの詰まったケースを、シンクの下を、ガレージや屋根裏の箱のなかを、しっかりと見てください。そうすれば「万が一」という事態など一度もなかったことがわかるはず。

「万が一に備えて、これはとっておくわ」と言う時、本心ではこう思っているのです。

「だって、まだ心の準備ができていないんだもの」

10

処分の方法

ELIMINATE

「また必要になるんじゃないかしら」

「手放す勇気がない」

「手放してしまうと、足りなくなるような気がする」

万が一の事態など決して生じない。そう認めてしまえば、これ以上先延ばしにせず、ものを手放す勇気が出ます。そして「足りないのではないか」という不安に駆られた生活から解放されます。「万が一」に別れを告げれば、もっと有意義なことに集中して日々を過ごせるようになるのです。


不要なものを処分する時には、自分にこう言い聞かせてください。

「私は今、またものを詰めるためのスペースをつくっているわけじゃない。もっと充実した人生を送るためのスペースをつくっているのだ」と。

11

CHALLENGE

プロジェクト333チャレンジを開始する

お待たせしました！　プロジェクト333にチャレンジしましょう。

もしかすると、本書をぱらぱらとめくってこのページから読み始めている方もいるかもしれませんね。

早く試してみたいという気持ちはわかりますが、それはお勧めしません。まずは最初の項から目を通し、このチャレンジの意味についてきちんと理解し、自分なりのインスピレーションを得てから、実際に行動を。このプロジェクトを始めるＷＨＹ（理由や大義）は、本項で説明していくＨＯＷ（手法）と同じくらい重要なのですから。

プロジェクト333のルール

●始める時期

３カ月ごと。正式には１月１日、４月１日、７月１日、10月１日を目安に季節の変わり目から始めますが、何かを始めるのに遅すぎることはありません。ですから、ぜひ、思い立ったその時に始めてください！

ワードローブに残すもの

次のものは33アイテムとしてカウントします。

- 衣類
- 小物類
- アクセサリー
- 靴（1足で1アイテムと数えます）

33アイテムに入れずに、残していいもの

次のものは33アイテムにカウントせず、とっておいてかまいません。

- 結婚指輪、または、いつも身に着けている思い出のアクセサリーをひとつだけ
- 下着類
- ナイトウェア（パジャマ）
- 家でくつろぐ時に着るルームウェア

・ワークアウトやトレーニング用のウェア（ただし、それを着てちゃんと身体を動かしている場合のみ）

方法

33アイテムを選んだら、クローゼットにあった残りのものすべてを箱に詰め、テープで封をして、視界から消します。この時はまだ処分はしません――しばらく隠しておくだけです。「これからの3カ月間、日々の生活を送り、働き、遊べる」ワードローブをつくっていると考えましょう。べつに苦しい思いをするためのプロジェクトではないのですから。身体に合わない服、状態の悪いものがあれば、ほかのものと取り替えるのも自由です。

では、これらのルールにもう一度目を通して、しっかりと理解してください。

いよいよ、プロジェクト333を始めましょう！

さあ、ここまでの内容を把握できたら、次のステップを踏んでチャレンジを開始しましょう。

1 持っているすべての服を出す

09（83ページ）でお伝えした内容です。クローゼット、チェスト、衣装ケースなど、見えないところに収納してある衣類もすべて取り出して、ベッドに積みあげます。季節を問わず、すべての服をひとつの山にどんどん積みあげていきましょう。

どうしても時間が足りなければこのプロセスに2日かけてもよいですが、決してそれ以上は長引かせないように。さもないとぐずぐず考えすぎて決断できなくなります。

2 明後日まで着る服を選ぶ

2泊3日の旅の荷造りをしていると思ってください。着る服を選んだら、そのアイテムを分けておくか、すぐにクローゼットに戻します。

さあこれで、明後日まで着る服の用意はできました。

3 衣類を3つの山に分ける

- 大好き！——すごく気に入っていて、絶対に手放せない服
- さよなら——サイズが合わない服、着心地が悪い服、似合わない服、長い間着ていない服（あとで、「寄付する」「再利用する」「処分する」ものに分けます）

● どちらともいえない——判断がつかない服はとりあえずこの山に加えていきます。3つの山のなかでこの山が一番高くなっても驚かないように

4 ちょっと休憩

水を飲んで、音楽をかけ、声をあげて笑いましょう（笑っていないと、泣きたくなってしまうかもしれません）。積みあがった服の山をよく見ましょう。そして「こんなに服があるのにどうして着るものがないなんて思ってたのかしら」「週末になったらセールに繰り出してまた新しい服を買おうと思ってたなんて、どうかしてる」と呆れてください。

5 作業に戻る

3つの山のうち、ひとつを崩していきましょう。まず「さよなら」の山の服を箱に詰めていきます。売るものや寄付するものに分けるのではなく、とりあえずすべてを箱に詰めて、視界から隠してしまいましょう。そうすれば3カ月後に箱を開けて、もっとクリアな頭で判断することができます。

私としては、この山のものの大半を売らずに処分することをお勧めします。これまでにクローゼットのなかでお金を生み出してこなかったアイテムが、これからもお金を生

み出すとは思えません。それよりも、今すぐクローゼットにスペースをつくってすがすがしい気分という報酬を得ましょう。

6 「どちらともいえない」山に取りかかる

1点ずつ確認して「このアイテムが私のクローゼットにとどまる価値があるのなら、その理由は何?」と自問してください。相応の理由が見つからなければ、そのアイテムは「さよなら」の山に移します。

大切な人がプレゼントしてくれた服、あるいは大切な人が譲ってくれた服だけれど自分では着ないのであれば、いったん着用して写真を撮ってから、寄付しましょう。そうすれば不要なものとさよならできるうえ、思い出を手元に残しておけます。

7 「大好き!」の服の山に取りかかる

まずは6までのステップを繰り返してください。ただし、「大好き!」の山のなかに、心から好きな服がひとつもない場合もあるでしょう。でも、心配ご無用。あわててまた服を買いにいくような真似だけはしないように。服に対するあなたの気持ちは、このチャレンジの初日から最終日までの間に変化していくからです。新しい服を買わずに、できるだけ待ってみましょう。自分が本当に着たい服、クローゼットに必要としているものについて、時間をかけて考えればいいのです。

8 クローゼットに残さない服を別の部屋へ移す

「大好き！」の山と「どちらともいえない」山のなかで、クローゼットに残さないと判断した服は、別の場所に移します。

9 休憩

散歩をする、昼寝をする、水を飲むなど、ちょっと気分転換をします。このステップを省略しないで。休憩をとるのも重要です。

10 新しいワードローブを収納する準備を整える

空っぽになったクローゼットやチェストの換気をして、あなたの素敵な少量のワードローブを収納する準備を整えましょう。まだ結構な量のアイテムが残っていても心配無用。まだ33まで減らすプロセスの途中にいるのですから。必ず最後までやり遂げられます。

11 「どちらともいえない」山のアイテムを箱に詰める

ここでも、あわてる必要はありません！　何も今すぐ処分するわけではありませんから。ただ、今はしばらく休ませてあげるだけ。箱に詰めたら、「〈どちらともいえない〉――この箱のなかのものをまた着たいと思わなければ、3カ月後には箱を開けずに、すべて寄付すること」と書いたラベルを表面に貼っておきます。この手順は省略せず、必ず紙に書いて貼ってください。そして、その箱をガレージや屋根裏など、クローゼット以外のところに置きます（普段は見えないところがいいでしょう）。

この段階で心配になったり、気が抜けてぼんやりしたりするのは、ごく自然な反応です。でも大丈夫、万事うまくいきますから。あなたはこれまでの人生では経験したことがない、まったく新たな、真の変革を起こそうとしているのです。ですから、ここでもう一度断言させてください――33のアイテムさえあれば、どんな場合でも、どんな季節でも、あなたは暮らしていけるのです。それにもうひとつ、安心できる支えがあります。「より少ない」服での暮らしがイヤになったら、箱のなかに詰めていたガラクタをすべてクローゼットとあなたの人生に戻して、ゴチャゴチャにすることができるのです！

次はいよいよ、33ワードローブをつくる作業です。その前に、もう一度「大好き！」の山を見なおしてください。さほど素敵に見えない服があるのでは？　あなたの服について正直な感想を寄せてくれそうな友人はいませんか？　「どちらともいえない」か「さよなら」の山に移せそうな服があれば、そちらの山に移してしまいましょう。

季節の33ワードローブのつくり方

さあ、あなたのこれまでの苦労がようやく報われます。今後3カ月の季節の33ワードローブをつくっていきましょう。もうすでに、それぞれの季節にふさわしい服、靴、アクセサリーがすべて手元に揃っているはずですから！　そのなかから、今後3カ月に利用するものを選べばいいだけです。ほかのアイテムはそのまま保管しておいて、3カ月後にこのチャレンジが終わる時にまた入れ替えるだけ。

次にアイテムリストを紹介しますが、くれぐれも忘れないように。このリストは、あ・な・た・の人生のための、あ・な・た・のワードローブのための、あ・な・た・のリストであることを。

● リストを作成する

リストをつくるのが好きな方なら、この手順は楽しめるはず。まずは次のカテゴリーを書き出してください。

- アクセサリー・小物類
- バッグ
- 靴
- トップス
- パンツ
- スカート
- ワンピース
- アウター・ジャケット

カテゴリーを書き出したら、それぞれのカテゴリーにいくつのアイテムが必要となるかを考えます。今すぐ決められなければ、大体の数をいったん決めておいて、リストをまとめる時に再考しましょう。これは1カ月間の家計の出費を決めるのに似ていて、最初からふさわしい数値をぴたりと決めるのは難しいかもしれません。ただし、アイテム数の合計は必ず33以下にすること。

基本アイテム――毎日（あるいは毎日のように）使うものを決める

あなたのワードローブのベースとなるこの基本アイテムは今後3カ月間の33アイテムのなかに残るでしょうし、その後も続ければ、年間を通じて基本アイテムとなるはずです。つまり、毎日着る、あるいは毎日のように着るアイテムです。それをリストに書き出しましょう。私はこんな風に書き出しました。

1 ネックレス
2 ブレスレット
3 サングラス
4 ハンドバッグ
5 仕事用のバッグ
6 厚手のマフラーかスカーフ
7 薄手のショールかスカーフ

ここまできたら、残りは26アイテムとなります。ですから、次は靴にしました。

8 ヒールのあるパンプス
9 フラットシューズ
10 ブーツ
11 スニーカーかウォーキングシューズ

それぞれのアイテムに関してはまたあとで詳しく説明しますが、こうして先に服以外のリストを作成しておけば、服をいくつ選べるかがわかってきます。

さてここまでくれば、服は22アイテム残しておけることがわかります。あと22枚しか選べないと思うと私も最初は心配でたまりませんでしたが、やがてわかってきました。実際のところ、パンツが2本ほど、スカートが1枚、ワンピースが1~3枚、それにシャツ、ジャケット、アウターがあれば十分であることが。それに、夏のほうがアイテム数は少なくて済みます。手袋、タイツ、替えのジャケットなどが不要ですから。

ベースとなる服——毎日のように着る服を決める

これは私の場合です。ご自分のリストのイメージの参考にしてください。

12 黒のTシャツ
13 白のボタンダウンシャツ
14 パーカーなどのスウェットのトップス
15 ジーンズ
16 紺のワンピース
17 ブレザー

まだリストを途中まで作成しただけで服の山を確認してはいませんが、これで自分のワードローブの基盤が大体わかりました。次に、残りの16アイテムを考えていきます（もちろん、16未満でもかまいません）。

あなたの33ワードローブを決定する

では、実際にあなたの33ワードローブを決めていきましょう。紙を用意して、1から33までの数字を書いてください。そこに、あなたの選んだアイテムをリストアップしていきます。

一度書いたアイテムに線を引いて消し、書きなおしてもかまいません。このプロジェクトはたった3カ月のものであって、30年続くわけではないのだと自分に言い聞かせてください。完璧なアイテムを選ばなくてはとプレッシャーを感じる必要はありません。それに、そもそも「好きな服」を選んでいるのですから、間違えるはずもありません。

リストには、まずベースとなる服や基本アイテムを記入し、そのあとに基本以外のアイテムを加えていきましょう。33まで記入したら、そのアイテムをハンガーに掛けてクローゼットに戻します。きっと、33のリストに入らなかったものがまだ服の山として残っているはずです。そうしたら、その服の山が永遠に消えてなくなった時の気分を想像してください——頭のなかで想像するだけでいいのです。部屋に残った服の山の写真を撮り、そのあと、生まれ変わったあなたのクローゼットの写真も撮ってください——シンプルで、整然としていて、美しいクローゼットの写真を。そして、深呼吸しましょう。

その他のものはどうするの？

さあ、あなたは33のアイテムを選び、後日また検討するものはみんな箱に詰めてしまいました。では、その他のものはどうすればいいのでしょう？ 33のアイテムに入らなかったもののことも考えなくてはなりません。とはいえ、このチャレンジで最大の効果をあげるためには、クローゼットのなかにできるだけたくさんのスペースを残しておかなくてはならないということは忘れないでください。

パジャマなどのスリープウェア

寝る時に着るアイテムは服の山から分けておきます。そのウェアを着て眠るととても気持ちがいいのなら、とっておきましょう。あなたがパジャマのままコンビニに行くタイプなら、やはり残しておくほうがいいでしょう（でも、その習慣はそろそろ見なおしましょうね）。

ワークアウト用のウェア

ジョギング、ウォーキング、スキー、ハイキング、テニスといったスポーツが好きなら、スポーツウェアを揃えていることでしょう。こうしたスポーツウェアは33アイテムのなかに含めなくてかまいません。けれど、朝起きて、ヨガパンツに着替えて、その格好のまま買い物に出かけているのなら、33のアイテムとしてカウントしてください。ワークアウト用のウェアやスポーツウェアを着ている時にはちゃんと運動していなければなりません。

ルームウェア

庭仕事、家事、犬の散歩をする時に着る服、ソファーに寝転がってテレビを観たり本を読んだりする時に着る服、家の外では絶対に着ない部屋着があれば、33アイテムのなかに入れる必要はありません。

ただくれぐれも、この3種類のウェアで、せっかくできたクローゼットのスペースをまた埋めないようにしてください。必要最小限の数だけをとっておきましょう。そしてプロジェクト333を3カ月続けて自信がついたら、使っていないアイテムを手放しましょう。

私は服を減らして暮らし始めた最初の1年で、この3種類に分類できない服を思い切ってたくさん処分しました。みなさんも自分のライフスタイルを振り返り、実際に何を着用しているのか、どんな服を着ていると気持ちが明るくなるのか、着心地がいいのかを、自分で検討するしかありません。

それに「33アイテムしか利用しないというルールを守る」「スーパーには寝間着を着て行かない」といったこと以上に大切なのは、「今の自分に似合う服」「手入れがゆきとどいている服」を着ることです。

なんらかの理由があってこの3カ月の間に似合わなくなってしまった服があれば、ためらわずにお直しに出すか、ほかの服と入れ替えましょう。

繰り返しになりますが、このプロジェクトは苦しい思いをするためのものではありません。イライラする日々から解放され、安らぎと喜びを実感するためのチャレンジ、それがプロジェクト333なのですから！

12

UNRULY

ルールを破ってもいい時

プロジェクト333を実践すること自体がいわば世間の常識に背いているわけですから、この項の内容についても読者のみなさんはべつに意外には思わないでしょう。だってこれからファッション、消費、マーケティング、社会のルールを破ろうとしているのですから――それはちょっと言いすぎですが、まじめな話、あなたはこれからさまざまなルールを破ることになります。世間の常識であろうが暗黙の了解であろうが、気にしなくなるのです。ですから、このチャレンジのルールだって、自分なりに検討したうえでなら破ってもかまいません。

ですが私は、何も「どんどんルールを破ってください」と、ハッパをかけているわけではありません。でも、このプロジェクトにまったく挑戦しないよりは、いくつかルールを破ってでも、挑戦していただきたいのです。

プロジェクト333にはいくつかルールがあります。それらのルールは、クローゼットと人生に必要なものと不要なものを見分ける作業を通じて、あなたに大きな発見をもたらします。自分なりに境界線を引いていくうちに、何かを犠牲にしているのではなく、大きな恵みを受けているような気持ちになるのです。ですからこのチャレンジに「そんなの絶対に無理！」と思うようなルールがあったとしても、そこで諦めないでください。一切の妥協を許さない四角四面のチャレンジではありませんから。

このチャレンジのルールはひとつの目安として役に立ちますし、いったん始めてしまえばルールそのものが当初ほど厳しく感じられなくなるはずです。それでもまだあなたは、いわば馴染みのないエスニック料理をたいらげる心の準備ができていないかもしれません。でも、大丈夫。これまでにプロジェクト333に挑戦したみなさんは、それぞれのライフスタイルに合わせてルールを破ったり、少し修正を加えたりしてきましたから。

ではどんな時にルールを破ってもいいのか、その例を見ていきましょう。「より少ない」服で暮らす生活に向けてほんの少し努力をするだけでも、新たな発見があるはずです。ですから、自分にはとても守れそうにないルールがあるとしても、チャレンジそのものを投げ出さないでください。

ルールを破ってもいいのは……

職場でユニフォームを着ている

病院で白衣を着用する場合は何枚か着替えが必要でしょう。こうした場合は、着替えも含めたすべてのユニフォームを33のうちの1アイテムとして数えてかまいません。私は広告会社に勤めていた頃、クライアントとの打ち合わせ、地域のイベントへの参加、オフィスでの会議などのスケジュールがありましたが、33のアイテムで仕事でもプライベートでも困ることはありませんでした。ですからあなたも33のアイテムで足りるはずですが、33のアイテムには入れたくないユニフォームがあれば、それでもOK。

アクセサリーが大好き！

私も以前はアクセサリーを山ほど持っていましたし、じゃらじゃらと身に着けていましたが、今はほんのわずかしか使っていませんし、冬はもっと少なくなります（帽子、手袋、マフラーなどを33アイテムに入れるため）。アクセサリーは着けないと決めたわけではないのですが、3カ月間アクセサリーなしで暮らした結果、手元のアクセサリーすべてが必要なわけではないと実感しました。むしろそうしたアクセサリーを着けていると、自分らしくないような気もしました。以前の私はコーディネートの足りない部分を埋めるためにアクセサリーを買っていたのですが、今は服に合うからではなく、自分にとって意味があるからという理由で身に着けています。

ですから、最初の3カ月間はすべてのアクセサリーを箱にしまっておくことをお勧めします。そうすれば、あなたにとって本当に必要なアクセサリー、大切なアクセサリーを見極められるはずです。

けれど、アクセサリーが大好きで、「アクセサリーなしじゃ生きていけない！」という方は、33アイテムのなかにカウントしなくてかまいません。

天候の変化が心配

天候の変化に備えて服をとっておきたい場合は、小さな箱に予備の服をしまっておきましょう。そうすれば、暑くなったり寒くなったりした時にその箱を開ければ済みます。

私はユタ州のソルトレイクシティに住んでいます。寒暖の差が激しい地域なので、寒い時は零下18度くらいまで下がりますし、暑い時は38度くらいまで上がります。私が初めてプロジェクト333に挑戦した2010年の10月、気温は32度以上ありましたが、年末には雪が降っていました。つまり3カ月間の最初と最後では、着る服がだいぶ変わっていたのです。ですから私の場合、ワードローブにはいつもタンクトップなど重ね着ができるアイテムを用意しておいて、気温の変化に対応しています。

「万が一」に備えたい

「万が一」に備えておきたい方は、専用の箱をつくりましょう。そして、今はまったく使わないけれど、いつか必要になるかもしれないものをすべて入れておきましょう——念のために。そして中身のリストを書き出すのではなく、ただ「万が一用」と書いたラベルを箱に貼っておきます。もし、箱のなかのアイテムを(箱を開けずに)思い出して、必要だと思ったら、箱を開けて使いましょう(まず、そんなことにはなりませんが)。

33アイテムじゃ足りない

たとえクローゼットに100枚の服があるとしても、おもしろいことに実際に着ているのはそのごく一部です。ですから大半の方にとっては33アイテムで足りるはずですが、33という数字を絶対に守り抜かなければならないわけではありません。「33じゃ全然足りないから、私は〈プロジェクト335〉か〈プロジェクト340〉のほうがいい」という方はそうしてください。というのも、このチャレンジはいわば実験だからです。限界を試してみて、自分にとって「足る」とは何を意味するのかを把握する。それができれば実験は成功です。

とはいえ、3カ月間で33アイテムすべてを使いきらなかったとしても、驚かないでくださいね。

チャレンジを始めたからといって、あなたは成績をつけられるわけではありません。私が突然お宅を訪問して、クローゼットのなかをチェックするわけでもありません。これはただあなたのためのチャレンジなのです！　もちろんルールはありますが、そのルールを破る許可を与えるのはあなた自身です。ですから、少しルールを破って3カ月間のチャレンジを終えたら、今度はルールをすべて守ってトライしてみては？

プロジェクト333をやってみて、いくつかルールを破ったけれど、それでも得るものが大きかった。そう気づいたら、人生のほかの側面でも少しルールを破ってみる勇気が出てくるかもしれません。何かほかにも、常識から外れてはいるけれど試してみたいことがありますか？　そうした常識には、世間の暗黙の了解も含まれています。世間や周囲の人たちが、無言で（あるいは明確に）あなたに押しつけているルールや期待についても考えてみましょう。そろそろ、そうした世間の押しつけから自由になりませんか？

12

ルールを破ってもいい時

UNRULY

自分で自分を縛りつけているルールから解放されて、自分の人生を取り戻してみませんか？

これだけは覚えておいてください。このチャレンジはあなたの人生をよりよくするためのもの。もっと快適に、楽しい毎日を過ごすためのものです。プロジェクト333を試した結果、なんだかイライラするようになったりいっそうストレスを感じるようになったりしたら、ルールをゆるめましょう。

少しルールをゆるめれば、このプロジェクトが自分の人生に価値を加えているかどうかを模索しながら確認できます。そうすれば恐怖心を乗り越え、大きな成果を得られるでしょう。そのあとは、本来のルールをもう少し守るようにしてまたチャレンジすればいいのです。

このプロジェクトを完璧に実行したからといってべつに賞がもらえるわけではありません。ですから、無理のない範囲で始めてみましょう。どんなやり方を試すにせよ、ぜひ、存分に楽しんで。やりがいを感じながら続けていけば必ず実りある体験ができますから。

13

FEAR

不安を感じた時は

不安になるのが悪いとは限りません。不安に思ったおかげで適切な方法を選んだり、前向きに進むことができる場合もあるからです。たとえばハイキングを楽しんでいる山道で、ふわふわとした毛の生えたクモを目にしたとしましょう。すると本能からくる不安感が「あれに触っちゃダメ！」と叫ぶ——これは役に立ちます。

とはいえ、こうした不安は日常生活でそう頻繁《ひんぱん》に感じるものではありません。ですから何か行動を起こす時、私たちに二の足を踏ませるのはこうした不安感ではありません。このプロジェクトに対して腰が重いのは、別の不安感が原因なのです。

私自身、これまでの生活を徹底的に見なおし、少しずつ変化を起こしていく過程では不安に駆られました。私も不安でしたが周囲の人からも不安に思われました。変わることに抵抗を覚えましたし、まわりからも抵抗されました。ですから、私はまず自分の不安感に対処しなければなりませんでした。つまり、私のことを気にかけてくれる友人や家族に「心配してくれてありがとう」と謝意を伝えつつも、まずは自分なりのやり方を貫き、それからまた友人や家族と深い話し合いをしたのです。もちろん、すぐに不安をなだめられたわけではありません。少しずつ時間をかけて軽減してきました。

プロジェクト333を実行するにあたり、私が感じた不安をいくつか紹介します。それはまた、誰もが感じる不安でもあるはずです。

プロジェクト333を実行するにあたっての不安

次に挙げる不安には繰り返し襲われるかもしれません。でも、事前にあれこれ心配したとしても、実際にチャレンジを始めてしまえばあまり不安には思いません。事前に不安に思っていたことを実際に体験した方はほとんどいないのです。でも心配している時には、実際にその不安が的中した時と同じくらい、恐ろしく思えるものです。

天候の変化

お住まいの地域では、初春にはまだ雪が降るけれど、晩春にはむしろ暑くなるという方もいるでしょう。その場合は、33アイテムを選ぶ時、3カ月の最初のほうだけ、あるいは終わりのほうだけしか着られない服も入れておきましょう。選んだ服では肌寒く感じたり、あるいは荒れ模様の天候に耐えられなくなったりしたら、調整しましょう。するとつい、どんな状況にでも対応できる服を揃えたくなってしまいますが、そんなことは現実には無理です。多少調整したら、あとで自分が不安に思っていたことを振り返ってください。心配していたことが現実には起こらなかったのでほっとしているかもしれませんし、少し服を変えただけで問題がなくなっていることがわかり、安心して暮らしているかもしれません。

洗濯

私の場合、以前より洗濯の回数は減りましたし、服を長持ちさせたいので洗濯のやり方を変えました。衣類はすべて水で洗い、吊るして干します（室内か屋外に）。洗う時はすべて一緒に洗います。白い服、黒い服、タオル類……とにかく洗濯槽がいっぱいになったら、全部まとめて洗います。はい、おっしゃるとおり。私、洗濯に関してはずぼらなところがあるんです。

仕事で着る服

仕事では普段とは違う服装をしている方でも、少し工夫すれば33ワードローブをつくれます。チャレンジを始めたばかりの時は、仕事用の服を1割ほど普段着に近づけ、普段着の服を1割ほど仕事用の服に近づけてみましょう。きっと誰にも気づかれないはず。それに、これによってあなた自身、どこでも快適に過ごせるようになるはずです。また職場でユニフォームがある方は、着替えも含めたユニフォームすべてを1アイテムとしてカウントしてください。

体重の変動

体重の変動に合わせ、日頃からサイズの違う服をいくつか用意している方は、手元に1サイズしかないとそわそわするかもしれません。でも、いいですか？　このチャレンジの期間はたったの3カ月間。多少太ろうが痩せようが、大半の服は着られるはずです。ですからプロジェクト333の33ワードローブを選ぶ時には、「今の自分」に合うサイズの服だけを入れてください。

多くのみなさんが覚える不安は以上の4つです。どれも実際には挑戦を始めてもいないのに湧きあがってくる不安の念です。ですから、いわば「想像上の不安」といえるでしょう。実際には起こらないかもしれませんし、起こったとしても、あなたには対処できるのです（しつこいようですが、実際にはまず起こりません）。

まだ起こってもいないことを不安に思い、それを言い訳にしていると自覚できれば、自分の殻を破り、新たな試みに挑戦する一歩が踏み出せます。すると、人生のほかの場面でも自分の殻を破れるようになるのです。

ここでちょっと視野を広げて考えてみましょう。あなたが人生でもっと大きな変化を起こそうとしている時に、どんな邪魔が入ってくるでしょうか。それは次のような不安感かもしれません。

●「取り残されるのでは」という不安

何かおもしろい活動や情報を見逃してしまうのでは……、チャンスやコネを逃してしまうのでは……。私たちはそんな不安の念に、日々さいなまれています。みんなに追いつきたい、流れに乗り遅れたくない、仲間はずれにされたくない、自分の存在を認められたい、愛してもらいたい。そんなふうに思っていると、あれもこれも気になって四六時中メールやSNSをチェックしないと気が済まなくなります。本当は「今、ここ」にある自分の人生を大切にしたいのに、情報や人とつながりたくなるのです。でもあなたは、同時にあらゆる場所に存在することはできません。それは厳然たる事実。

こうした現代病への治療法は「今を生きる」ことです。本当に「今、ここ」を生きていれば、過去への後悔も、未来への不安もありません。「今、ここ」を生きれば、周囲のあらゆるもの、あらゆる人に意識を向けられます。物事全体、その一部、細部が「今、ここ」を、ひいてはあなたの人生をつくりあげていることがわかるのです。

「今、ここ」を意識して充実して生きようと決めれば、あなたの内側でも変化が起こり、身体、心、魂が変わっていきます。それが「今を生きる」ことなのです。簡単にはいきません。練習が必要です。でも「今を生きる」ことこそが、「取り残されるのでは」と不安に思う現代病にもっともよく効く治療法です。

「人を失望させるのでは」という不安

本当は「ノー」と言いたいのに、思わず「イエス」と言ってしまう。それは、この不安感のせいです。反論したいのに口を閉じてしまうのも、憤慨して疲弊し切ってしまうのも、この不安感のせいです。とくに人の顔色をうかがうタイプの方は、人をがっかりさせまいとします。そんなあなたに真実をお知らせしましょう。他人の失望など、あなたとはなんの関係もありません。あなたの知ったことではないのです。

あなたの予定や関心事や期待が相手の期待と違えば、相手はがっかりするかもしれません。でも、相手はあなたに対して勝手な期待をしたのですから、あなた自身にはなんの責任もないのです。もし、人の期待に応えることに疲れ果ててしまったら、こう自分に言い聞かせてください。

「人の期待に応えるのは、私の仕事じゃない」と。

自分の期待に応えれば、それでいいのです。

もうひとつ、忘れてはならないのは、失望したほうの人間はそれをしぶとく覚えているということです。これに対する解決策は「境界線を設ける」ことです。

相手からの攻撃を弱め、できれば相手を失望させないためにも、あらかじめこちらの境界線を明示しておきましょう。作家のブレネー・ブラウンも「はっきり言うのが親切、あいまいなのは不親切」と記しています。ビジネスの世界ではたいてい方針を明示して、相手に期待することを明確に知らせます。もし、取引先の方針に同意できなければ、あなたはもうその会社と仕事をするのをやめるでしょう。ところが相手が人間になるとそう簡単にはいきません。人間と人間の間にも境界線があるのに、押し切られることもあれば、まったく尊重されないこともあります。理解を示してくれる人が大半ですが、なかにはまったく無視する人もいます。

それでも、いつだってあなたの境界線を尊重してくれる人が一人だけいます。それは、あなた。あなたが自分の境界線を大切にすれば、ほかの人にも境界線の重要性が伝わります。そうすれば、ほかの人たちも自分の境界線を設けるようになるかもしれません。

自分への不信感

自分のことが信頼できない、あるいは自分を信頼するのが怖い。そんなふうに思っていたら、「取り残されるのでは」「人を失望させるのでは」という不安を解消することはできません。

あなたが今、目の前のことに手一杯で、深く物事を考えもせず、あわただしく日常生活を送り、次から次へと用事をこなし、頼まれたことを引き受けているのなら、きっと「自分にとって最善なこと」をすっかり忘れているのです。わかります、私もそうでしたから。私は自分を見失い、自分が信じているものも、どんなふうに自分を信じればいいのかもわからなくなっていました。自分にとって最善なことも、自分の心も、わからなくなっていたのです。そのせいで自分以外の人に答えを求め、その答えにあれこれケチをつけていたのです。

自分自身を信頼するには、まず、心の声に耳を傾けなければなりません。簡単ですから、ぜひ次に紹介する「心の呼吸法」を試してください。

心の呼吸法

ステップ①

1日のなかで、ささやかな「聖域」で過ごす時間を設けましょう。5分間静かに座っていられるのなら、場所はどこでもかまいません。キャンドル、日記、ペン、毛布など、あなたが心地よく感じるものを置ける場所を聖域にしましょう。

まず、深呼吸をします。鼻から吸って、口から吐きます(大きなため息をつくように)。これが「心の呼吸法」を始める合図です。

ステップ②

心臓のあたりに両手を当てます。そのまま、静かに5分間座ります。

鼻から吸って口から吐く(本気で、すべての息を吐き出す)クレンジング・ブレスを数回行い、目を閉じるか視線を落とすかして、呼吸に集中します。

次に片方の手を心臓のあたりに当て、もう片方の手をその上に置きます。心臓の鼓動を感じてください。心臓と手、両方のぬくもりを感じてください。意識して息を吸ったり吐いたりしながら、心臓の鼓動に耳を澄まします。これを毎日、続けてください。

この呼吸法は静かな環境か、リラックスできる音楽をかけて行います。初めの数週間は、ただこの呼吸法を行い、心臓の音に耳を傾けます。それから、自分に何か問いかけたり、聞こえてきたことを書き留めたりしましょう。この呼吸法を習慣にして続けていけば、本来の自分を思い出し、自分にとって大切なものもわかってくるはず。やがてあなたは、自分を信頼できるようになるでしょう。

13
不安を感じた時は
FEAR

不安に思って抱え込んでいたことを、すべて解放しましょう。すると、これから自分がどんな人生を送りたいのかがわかってきます。不安はあなたを守ってはくれません。それどころか、あなたを引きずり倒し、押さえ込みます。ここで説明した3つの不安を解放するには時間がかかるでしょうし、練習も必要となります。まずは不安感が湧きあがってきたら、それを自覚します。そして「取り残されるのでは」という不安には「今を生きよう」と応じます。「人を失望させるのでは」という不安には、自分のまわりに境界線を引いて対処します。そして「自分への不信感」が湧きあがってきたら、心臓のあたりに両手を当てて呼吸をします。

このチャレンジをまだ試していない方は、よく不安感を訴えます。そして実際に試した方は、感謝の言葉を伝えてくれます。私自身、始める前は不安でたまりませんでしたし、疑問も頭に渦巻きました。行動を起こさない言い訳だって考えました。結局のところ、「何かが足りなくなるのでは」という、その一点が不安でした。

こうして不安にさいなまれると「〝足る〟なんてことはありえない」としか思えなくなります。でも、実際にこのチャレンジを終えれば「大丈夫、足りているわ」と、あなたは不安感に教えてあげられるでしょう。

「より少ない」生き方をすれば幸せになれるとわかった瞬間、人生はすばらしい展開を見せ始めます。ですから、どんな不安に襲われたとしても、自分を非難するのはやめましょう。そして怖くてたまらなくなったら、お馴染みの不安に「お先に」と会釈でもして、かまわず前進していけばいいのです。

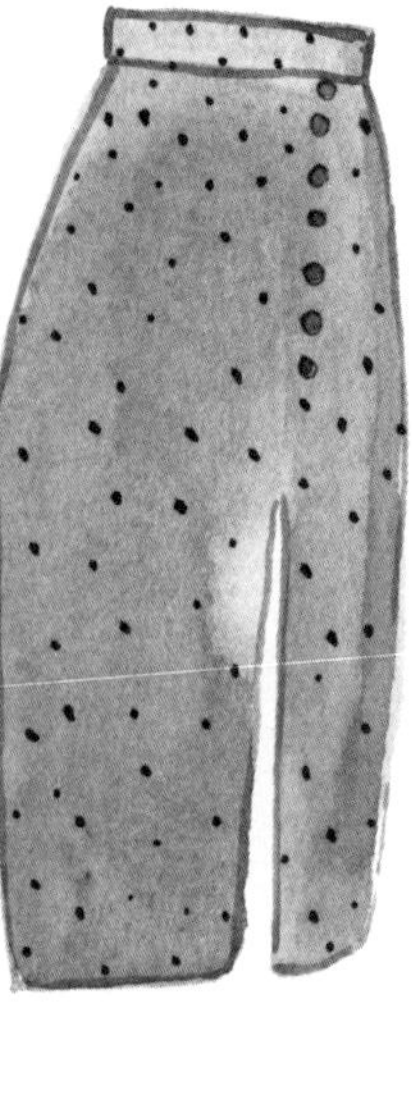

14

MESSY

混沌がおとずれた時

生活をシンプルにすると自分への肯定感が高まり、新たな人生を歩めるようになります。プロジェクト333に挑戦すれば、その道のりのなかでめざましい変化も起こせます。私自身、そして実際に大勢の方たちが、このチャレンジによって人生を大きく変えてきました。私自身は生活をシンプルにしたおかげで、多発性硬化症の診断を受けたにもかかわらず以前より健康的な生活を送っていますし、ガラクタ、借金、ストレス、ワードローブの山に埋もれていた時よりも、はるかに気持ちよく暮らしています。

このチャレンジに「完璧」はない

このチャレンジには、唯一の正しい方法などありません。ですからルールに従って完壁を目指そうとすると、結局、何もできなくなってしまいかねません（完璧を目指すとたいていそうなりますよね）。ですから「自分なりの工夫をしていいんだ」と胸に刻み、このチャレンジを楽しみながら続けてください。

これまで、さまざまなタイプのプロジェクト333のワードローブを見てきましたが、自分なりに工夫して選んだワードローブはご本人にとっては最高のアイテムです。「私はカラフルなジャケットが大好き」「柄物のシャツ、命」「全部ワンピースで揃えたい」「ワンピースなんていらない」「靴だけは何足かなくちゃイヤ」——そう思うのならそうしましょう。あいまいなところも混沌としているところもある——物事とはそういうものですから。

クローゼットにお気に入りの服が1、2着あってとても着心地がいいのなら、33のアイテムとうまく組み合わせてユニフォームのようなものをつくり、毎日、似たような格好をするのもいいでしょう。プロジェクト333をインターネットで検索すればほかの人の例からヒントを得られるでしょうし、こんなやり方もあるのかと驚かれるかもしれません。でも、自分が着たい服に関しては、自分で決める。人の意見に振りまわされず、ありのままの自分でいる気持ちの余裕を持つ。それを忘れないで。何を着たいのかよくわからない場合の唯一の解決策は、とにかく始めてみることです。

何もかもがすっきりするわけじゃない

シンプルな生活を実践すればストレスが減り、以前より健康で、豊かで、幸福な毎日を送れるようになります。それでも、人生の何もかもがすっきりするわけではありません。たとえば、次のような経験をすることもあるでしょう。

- クローゼットはきれいに片づけたけれど、まだよく風邪をひいている
- 借金からは解放されたけれど、不安でたまらなくなることがある
- カレンダーに書き込む予定は激減したのに、心身ともに傷つくことが多い
- 毎日、瞑想を欠かさないのに、あとになってから「言わなければよかった」と後悔するようなことを口走ってしまう
- 室内にはガラクタがなくなったけれど、気持ちがぐちゃぐちゃになってどうしようもない日がある

どれほどシンプルな生活を送ろうと、なんの問題もない完璧な人生など実現しません。というより、完璧な人生など望んではならないのです。シンプルな生活はストレスを減

らし、よりよい人生を送るうえでは役に立ちますが、人生を完全にコントロールできるわけではありません。

　このプロジェクトを最後までやり遂げたら、いったいどんなバラ色の未来が待っているんだろうと胸を高鳴らせている方もいるでしょう。もちろん私はミニマリズムやシンプルな生活の美点をお伝えしていますが、どれほどシンプルな生活を送っていようと、やりきれない日はあります。私たちは面倒で複雑にできているのです。それは人間の性《さが》というもの。いい時、悪い時、明るい時、暗い時……どれほど生活をシンプルにしても、気持ちの浮き沈みは避けられません。

　今の私はクローゼットのことをあまり気にかけていませんが、自分自身については、毎日、気にかけなくてはなりません。穏やかで落ち着いた心の状態は自然に生じるわけではないからです。あまり一喜一憂したくないと思っているのに感情の波に翻弄されてしまう。手放したいと思っているのにしがみついてしまう。さわやかな気分と混沌とした気持ちの間を行ったり来たり……。時には澄み切った心持ちになれるのですが、意識して集中していないとたんに乱れてしまいます。

　「より少ない」暮らしを実践し、朝の習慣を守り、本気で自分の面倒を見ていれば、自分らしく過ごせる確率が高くなります。ですから週末にまとめて努力するのではなく、

14

混沌がおとずれた時

MESSY

毎日、少しずつ努力を重ねていきましょう。集中して短期にこなすのではなく、一貫して継続するのです。日々、1センチずつ前進する冒険だと思いましょう。

人生は混沌としています。自分が何を大切に思っていて、何を気にかけているのか、常に自分を見つめなおしましょう。最高の自分をキープできない日でも、面倒なことばかり起こる状況でも、自分をいたわりましょう。必要以上に自分に何かを期待したり、要求したりしないこと。ぐっとこらえて、「明けない夜はない」と自分に言い聞かせてください。悪いことばかり起こった日には、親友をなぐさめるような気持ちで、自分をいたわりましょう。たとえ混沌とした日々が続いたとしても、そこから学ぼうという意欲さえ持てば、何か貴重なものを得られるはずです。

完璧は目指さないけれど、改善していく。それを心がければ、以前より幸福になり、もっとリスクを冒せるようになって、よりよい人間関係を育《はぐく》めます。ひいては、自分との関係も改善できるのです。

15

BOREDOM

飽きてしまったら?

33以下のアイテムで暮らす。そう聞いて、みなさんがよく口にするのは「飽きてしまうんじゃない?」という心配です。

着る服の数が減ると、途中で飽きてしまうのではと心配になるのです。たしかに、人生におけるあなたの最大の関心事が服であるのなら、不安に思うのももっともです。私自身はといえば、クローゼットに服がぎゅうぎゅう詰めになっていた頃は自分のワードローブに飽きていました。服をあれこれ引っ張り出してみては「着る服がない!」と思ったものです。そして飽きてしまったのだから仕方がないとばかりに、またショッピングに繰り出しました。そして気に入った服を買えれば、これでもう大丈夫と思いました。ところがショッピングで高揚した気分が落ちてくると、またぞろ、買い物の虫が騒ぎ始める。新しい服を買ったばかりなのにもうその服に飽きてしまったのです。そこでまた物色に出かけました。まるでそうすれば、新しい装いができるだけでなく、人生のあれ

15

飽きてしまったら？

BOREDOM

これも一新できるというように。

みなさんにも心当たりがあるでしょう？　完璧なスカーフ、ベルト、ジャケットがあれば全身の装いがまとまるとか、このスカーフをかわいく結べばコーディネートが完成するとか、あなた自身も完成するとか、吹き込まれていますよね。ふさわしい装いをすれば、もっとみんなに関心を持ってもらえる、中身のある人間になれる、完璧な人生を送れるようになる。私は能天気にも、何か買い物をすれば、不安や恐怖心、不満といったものを解消できると楽観していたのです。もちろん、ショッピングにそんな効果はまったくありませんでした。

これまでどんなことを聞かされてきたにせよ、服があなたをよりよい人間にするわけではありません。かつての私は本当に必要に駆られてショッピングに出かけることはほぼありませんでした。気晴らしのため、流行に乗り遅れないため、少しでもスリムに見せるため、自分にパワーがあるように感じるため、体裁を保つため、退屈を紛らすため……。ミーティングやイベントの予定があれば、その場で浮かないようにいかにもその集団の一員らしく見える服装をしたいと思っていました。そんなふうに理由をつくっては、新しい靴やほっそりと見えるジャケットを買っていました。そうすれば外見もよくなって、仕事の成果もあがり、いい気分になって、有能になれる、と。ところが実際には、また買ってしまったという後悔にさいなまれ、ローンは膨れあがり、ガラクタが増えるばかりという惨憺《さんたん》たる結末を迎えたのです。するとまた、気分をあげようと買い物に走り……。ほかの買い物でも気晴らしをしましたが、やはり一番気持ちが高揚するのは服のショッピングでした。

「より少ない」服での生活を試みた結果、私はこれまでのそうした行動を振り返ることができました。そして1年間、33アイテム以下で暮らしたことで、「自分をよりよい人間にできるのは自分だけ」であることに気づいたのです。

それでも飽きてしまったら、どうすればいいの?

33ワードローブに飽きてしまったらと心配な方、あるいは、今山ほどある服に飽きてしまっている方は、問題は服ではなくほかのところにあるのでは?と考えてみましょう。新しいスカーフや靴、新しい色の口紅で装いに彩りを添えようと考えるのではなく、ワードローブに飽きてしまっている気持ちを直視するのです。あなたが本当に関心を持っているものはなんですか?　あなたが本当に飽きてしまっていることは、ほかにあるのでは?　服を買って生活をリセットしようと考えた時のことを思い出してください。

15

飽きてしまったら？

BOREDOM

その新しい服の効果は長続きしましたか？

「より少ない」服で暮らせば時間もスペースもできますが、実際に行動を起こし、心から関心を持っているものに取り組むかどうかは、あなた次第。それはショッピングほどたやすくできることではないでしょう。でも、想像してください。胸がときめくもの、あなたが心からワクワクできるものが見つかって、今の心痛から解放されるところを。

手持ちの服に飽きてしまい、ワードローブを見ているとイライラするようになったら、「その気分は服とは無関係のはず」、と自分に釘を刺してください。それでも何がイライラの原因なのかわからなければ、服以外のものに目を向けてください。

そんな時にはぜひ、次に挙げる工夫を試してください。

ワードローブに飽きてしまった時の33の工夫

1 80年代のポップなダンスミュージックのプレイリストをつくって……踊る！

2 地域で開催されている創作講座や読書会を探してみる

3 友だちと、制限時間内に指定されたアイテムをお金を使わずに集めてくる借り物競走をする

4 ブログを始める

5 ヨガのクラスを受講する

6 地域の会合やイベントに参加する

7 パンやケーキを焼いて、近所の方にお裾分けする

8 瞑想のレッスンを受ける

9 24時間、携帯電話やデジタル機器の電源を切る

10 30日間、ヘルシーな食生活に挑戦する——砂糖を断つ、ベジタリアンになる、毎日スムージーを飲む、など

11 感性をとぎすまし、今、感じるべきことを感じる

12 "Soulful Simplicity"(『魂をシンプルにする』未訳)を読んでみる(私の著書です)

13 バジル、オレガノ、ローズマリーなどのハーブを育ててみる

14 初めてのレシピに挑戦して、料理をつくってみる

15 行ったことがない町を訪れる(自分の町で道に迷うのもいいですね)

16 ヴィクトール・E・フランクル著『夜と霧』を読む

17 長い散歩をする

18 生きるヒントを得られるインタビューを集めたポッドキャストを聴く

19 地域のホームレスシェルターでボランティアをする

20 自分の時間、才能、価値ある品を、自分にとって意義のある慈善団体に役立てる
21 自分にとって重要ではない25のものを処分する
22 48時間に出会った人全員に、にっこりと笑いかけ、こんにちはと挨拶する
23 ランチに出かける。もちろん一人で
24 ポー・ブロンソン著『このつまらない仕事を辞めたら、僕の人生は変わるのだろうか？』を読む
25 1週間以上、HuluやNetflixなどで映画やドラマを観るのをやめる
26 重要とは思えない約束をふたつキャンセルする
27 博物館をすみずみまで観てまわる
28 ジョナサン・フィールズ著"How to Live a Good Life"（『よき人生を生きる方法』、未訳）を読む
29 地域の老人ホームに本を寄付する
30 頭にひらめいたことを実行に移し、クレイジーなアイディアを実現させる
31 大好きなものを84個、書き出す
32 有意義な朝の日課を何かひとつ考えて、毎日続けてルーティンにする
33 ラブレターを書いて、送る（メールではなく、自筆で紙に書き、切手を貼りましょう）

問題はクローゼットの服の数ではなく、あなたが注意を向ける先にあるのです。このリストを参考にして、服以外のものに注意を向けましょう。もちろん、自分なりのリストを作成してもOK。あなたの気持ちを本当に明るくするものに、時間、お金、エネルギーを投資すれば、手持ちの服に辟易《へきえき》しなくなるはずです。

もうひとつ、少々過激な方法もあります。それは、飽きてしまった自分の気持ちと徹底的に向き合う方法。自分のなかの不快な気持ちや感情をなだめるのではなく、直視するのです。

その試みは無謀で恐ろしく思えるかもしれません。でも、そうするしかない場合もあるのです。悲しい時は、思い切り悲しみましょう。イライラする時には、とことんイライラしましょう。そして飽きてしまったら、徹頭徹尾、飽きてしまいましょう。

古くから言われているように、「これもまた、過ぎゆく」のですから。

PART

03

*After your first
3 months*

最初の3カ月が終わったら

16

33

33ワードローブを継続させる

最初の3カ月を終えたあと、このチャレンジを続けるにせよ、いったん終了するにせよ、今後はプロジェクト333のルールを利用して、季節ごとの33ワードローブをつくってみましょう。

プロジェクト333を始めたばかりの方は、これからの3カ月間のことだけ考えてください。次のシーズンはどうなるんだろう、そのあとはどんなふうに展開していくんだろうと、あまり先のことまで考えないで。これからあなたは自分自身について、そして服の選択について、新たなことを学んでいきます。始める時に考えていたことと、チャレンジを終える頃に考えていることは違っているかもしれません。ですから、もっと長いスパンでのワードローブについては、最初からあれこれ心配する必要はありません。

自分なりの33ワードローブをつくるにはプロジェクト333のルールに従う（もしくは修正バージョンを自分なりにつくる）ことをお勧めしますが、ほかにも方法はあります。管理栄養士でminimalwellness.com（ミニマルウェルネス・ドットコム）を立ちあげたベッカ・シャーンは「トリプルM」（3つのM）という手法を提唱していて、次のように説明しています。

トリプルM

「私のスタイル」ってなんだろう？　これまでずっと、私はこの問題について悩みつつ、クローゼットに詰め込んだアイテムに反発する気持ちを抱いていました。つまり、大半の服が気に入らなかったのです。「流行っているから」と思い込んで、あるいは「こんな服を着なくちゃダメですよ」というイメージを勝手に思い描いて買ったものばかりだったからです。それに、サイズが合わない服も山ほどありました。そこで、そうした服をこれまで何回くらい着たのか、着心地はどうか、どんなふうに見えるかと、率直に自分に問いかけました。そして、もう着ない服、今の自分の美意識にそぐわない服は、心を鬼にして手放したところ、ワードローブがだいぶすっきりしました。

こうしてアイテムの数を減らしていくと、今の自分のサイズ、体型、スタイルをしっかりと把握できるようになりました。その結果、クローゼットのどの服を着ても着心地がいいだけではなく、似合うようになり、どんどん自信を持てるようになったのです――自信を持てれば、誰だって生きる気力が湧いてきますよね。もちろん、人それぞれファッションスタイルは違いますし、時間の経過につれ、自分のスタイルも変わっていきます。そして今のところ、私のスタイルは、モダン(modern)で、モノトーン(monochrome)で、着まわしがきく(multifunctional)を満たしています――これが「トリプルM」なのです。

似合うだけでなく、私のライフスタイルにおいても「トリプルM」のワードローブは理想的であることがわかってきました。というのも、どの服もさまざまなシーンで着用可能だからです。清潔で、モダン。色はホワイトか、グレーか、ブラック。こうして服に関してシンプルなテーマを決めた結果、朝、服を選ぶ時に「似合うかしら?」と悩んで時間や気力を無駄にすることがなくなりました――だって、似合うことはもうわかっているのですから。

それに、どのアイテムを組み合わせても相性がいいので、組み合わせによって無数のバリエーションができるようになり、たくさん服を持っているような印象を与えられるようになりました。たとえば、ジーンズはダークブルーとブラックの2本しか持っていません。そしてどちらのジーンズも、カジュアルにもドレスアップにも着こなせます。レギンスも2本あって、ワークアウトの時に活躍していますし、冬季には防寒用の下着となり、普段はパンツ代わりにも愛用しています（スポーツテイストのウェアを普段着として着る流行がすたれないどころか、盛りあがっているのはありがたいことです）。シャツも同じ。カジュアルにもドレスアップにも使えて、ワークアウトの時にも着られます。

そしてもうひとつ、私が服を選ぶ際に重視しているのは「品質」です。これまで私のクローゼットには、ワンシーズン限りの流行に乗った安物の服が山ほどありました。ご想像のとおり、そうした安価な服はあまり似合いませんでしたし、すぐにほつれたり、破れたり、縮んだりして、みすぼらしくなりました（毛玉もよくできますよね！）。けれど、質のいい服、長持ちする服、着まわしができる服を着るようになると、お金と気力を節約できただけではなく、エコにも配慮した暮らしを送れるようになり、似合う服をすっきりと着こなせるようになったのです。

これまで世界各地の老若男女がプロジェクト333に挑戦してきました。そしてライフスタイル、年齢、キャリア、体型の異なる人たちが、それぞれの33ワードローブをつくってきました。今でもワードローブのアイテム数を数えている人もいますが、全員ではありません。

さて、新しい33ワードローブのアイテムをクローゼットに吊るしたら、朝、考えすぎて服を選べなくなることも、遅刻しそうになることも、買い物に出かけてショッピングモールで貴重な時間を無駄にすることもなくなります。そしてお金を節約し、着替えを簡単に済ませ、自分にとって本当に大切なものがわかるようになるのです。

それでもまだ33ワードローブへの挑戦に二の足を踏んでいる方は、まず簡易版を試してみましょう。服の数を減らせますし、その結果、次のステップに進むきっかけも得られるはずです。

クローゼットに詰まった服を見て呆然としてしまい、どこから手をつけていいのかわからない場合にも、簡易版がお勧めです。

33ワードローブ簡易版

1　小物類を隠してしまう

アクセサリー、ハンドバッグ、スカーフなどの小物類のどれをワードローブに残しておこうかと迷うのはやめましょう。いったん全部隠してしまうか、ひとつだけ残してください。永久にそうするわけではありません。どの小物を残しておくかという決断を数カ月後に先延ばしにするだけです。すると、小物類を選ぶのに頭を悩ませるストレスから解放されて、「より少ない」アイテムで過ごす快適さを実感できます。

2 好きな色の服を着る

ブルーの服を着るのが好きなのに「差し色」に必要だから、あるいはお気に入りのファッション誌に「今月のカラー」と紹介されていたからといった理由で赤いアイテムをいくつか揃えているのなら、そんな縛りから解放されましょう。「流行の色」や「着なくてはいけない色」と思い込んでいる服を着る必要などまったくありません。自分にしっくりこない色や柄のアイテムは、しばらく見えないところに隠しておきましょう。

3 すべてのアイテムを1カ所に集める

以前は私も服や小物類を、クローゼット、チェスト、衣装ケースなど、あちこちに分散して保管していました。ですから、自分が実際にどのくらいの量のアイテムを保管しているのかまったく把握できていませんでした。いい機会ですから、すべてのアイテムを1カ所に集めてしまいましょう。それから、着心地がよくて実際に着ている服と、今は着ていない服に分けます。着たい服を探すために、着てもいない服を引っ張り出していちいち確認するのは無駄な作業でしかありません。

4 お気に入りの服の組み合わせを5パターン、決めておく

統計によれば、私たちは手持ちの服のうち2割を着て、8割の時間を過ごしているとか。それなのに、毎朝、鏡の前に立っては「何を着ればいいんだろう?」と悩んでいるのです。それはもうおしまいにしましょう。お気に入りの服の組み合わせを5パターン決めて、実際に着ているところを写真に撮ります。そしてクローゼットをあちこち探す前に、まずはこの5パターンのなかから選んでください。

5 値札がついているアイテムを処分する

クローゼットにまだ値札がついているものがあれば、すべて処分します。値札自体は無害に思えるかもしれませんが、値札のついたアイテムを目にしていると、「衝動買いをしてしまった」「無駄遣いをしてしまった」「買わなきゃよかった」という後悔にさいなまれ、ストレスが溜まる一方です。

6 クローゼットに残しておくのは今のサイズの服だけにする

いろいろなサイズの服が揃っていると安心かもしれませんが、たとえばあなたが以前より太ってしまっているのなら、入らなくなった服を見るとつらい気持ちになります。小さいサイズの服を見ることがダイエットの励みになるわけではありません。今のあなたのサイズの服だけを残しておきましょう。

7 「うしろめたさ」にさよならする

クローゼットにはありとあらゆる感情が満ちています。なかでもたちが悪いのは、「うしろめたさ」です。浪費してしまった、着ない服がある、サイズの合わない服がある、人からプレゼントされたのに使っていないものがある……。でも、そうした「うしろめたさ」を溜め込んでおいたところで、いいことはひとつもありません。クローゼットの隅々まで確認して、うしろめたさを覚えるものはすべて引っ張り出してください。そして丸ごと箱に詰め、3カ月後に確認してみましょう。その時もやっぱり気に入らなかったり、見ていると気が滅入ったりするのなら、さっさと処分します。ついでに、あなたの自宅や人生に、似たような罪悪感を覚えるものがあるかどうか確認してください。見つかったら、それも手放してください。

8 音楽を聴く

「セールだったから」「ショッピングをすると気が晴れるから」などと言い訳を並べてまたクローゼットにものを増やすのではなく、音楽を聴きましょう。思わず笑顔になる曲を10曲選び、プレイリストをつくってください。そしてショッピングをしたいという衝動に駆られたら、その曲を聴きましょう。じきに気持ちが晴れてきて、時間が経過し、ショッピング欲がおさまってきます。

9 友だちに手伝ってもらう

あなたのものに特別な思い入れのない友だちにきてもらって、服を整理する手伝いをしてもらいましょう。友だちを信頼し、「これは処分したら？」というアドバイスに従って服を手放しましょう。

10 33ワードローブ用の服を新たに買わない

喜び勇んでショッピングに出かけて、33の「完璧な服」を買い揃えることだってもちろんできます。でもそれでは、3カ月後には好きではなくなっている服に大枚をはたくことになりかねません。ですからぜひ、手持ちの服で対処してください。1枚か2枚、どうしても新たに加えたいのであればそれでもOK。でも、新たに買うのはそこまで。自分にとってベストな33ワードローブを把握するために、3カ月間は手持ちの服で乗り切りましょう。

33ワードローブの衣替え

プロジェクト333のワードローブは3カ月間で計画を立てますから、私は1年に4回、季節ごとに33ワードローブを考えています。

そうお話しすると、「じゃあ、1年で132アイテム（4×33）は使えるんですね？」と勘違いする方もいますが、そんなに大量のアイテムは使いません。私が季節の衣替えをした例を次に紹介するので、参考にしてください。

冬（1月から3月）の終わりに、春以降は使わないアイテムをすべて除外します。すると、33アイテムの半分より少し多い数が残りました。冬に愛用し、春になっても使い続けたアイテムは下記のとおりです。

服

- ジーンズ
- 黒のスカート
- 紺のワンピース
- 黒のタンクトップ
- 白のボタンダウンシャツ
- 黒の長袖シャツ
- 黒かグレーのシャツ
- 黒のスウェットシャツ
- 紺のブレザー

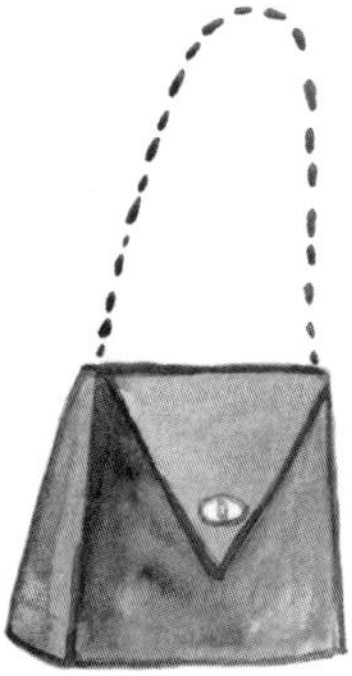

アクセサリー

- ネックレス
- ブレスレット
- サングラス
- スカーフ

バッグ

- 小ぶりのハンドバッグ
- ノートパソコン用のバッグ

靴

- 黒のパンプス（ヒール）
- 黒のフラットシューズ
- ウォーキングシューズ

この例からもおわかりのように、これらのアイテムの大半は、夏や秋の33ワードローブにも入ります。決して3カ月ごとにワードローブを丸ごと一新しましょうと推奨しているわけではありません。

とはいえ、3カ月の間に天候が急に不順になったらどうしようと心配なら、どうぞご安心を。実際33のアイテムだけで3カ月間済ませることは、まず不可能なのです。お住まいの地域によっては、天候や季節の変化に合わせて、3カ月の間に1、2枚、服が余計に必要になるかもしれません。たとえば季節の初めには肌寒かったのに、3カ月が終わる頃には暑くなっていたら、何枚か服を入れ替えてください。とは言いつつ、私の場合、33アイテムの半分以上を、半年以上着ています。そして新たなシーズンの33ワードローブを選ぶ時には、これまでのシーズンのアイテムを吟味して、次のシーズンにも着られる服は残します。この作業を3カ月置きに続けていけば、少しずつワードローブ全体の数が減り、プロジェクト333の本領発揮となるはずです。

17

ERIN(WINTER)

冬──エレンの場合

NAME
ヴェレナ・エレン・ポロウェイ

CITY
カナダ、アルバータ州エドモントン

BASIC COLORS
グレー、紺、ダークレッド、ベージュ

BASIC ITEMS
セーター、ジーンズ、ブーツ、Tシャツ

FAVORITE STYLE
できるだけシンプルなスタイル。黒のストレッチパンツ、厚手の着心地のいいセーター、ブーツの組み合わせが好き

INSTAGRAM
@verenaerin

WEB
https://verenaerin.ca

17

冬——エレンの場合

ERIN(WINTER)

エレンはサステナブルファッションに熱心に取り組んでいて、YouTubeにMy Green Closet(https://www.youtube.com/user/MyGreenCloset)というチャンネルを開設しています。このチャンネルでは、エコファッション、エシカルファッション、ミニマムワードローブ、オーガニックコスメなどを利用した美容法や、ミニマリズム、ファッション産業の現状といった社会問題を意識したうえで自分らしく生活することをテーマにした動画を掲載しています。

Q 簡単な自己紹介をお願いします

A 私は以前、ファッションデザインの仕事をしていました。とにかく服が大好きなので、今、これほど少ないワードローブで生活していると知ったら、知人はみんな驚くでしょうね。持続可能性《サステナビリティ》は私にとってきわめて重要な問題です。

33ワードローブのおかげで、私は服の数を減らせただけでなく、サステナブルでエシカルな方法で服を製造しているブランドの服を買うようになり、服に浪費することもなくなりました。

Q　プロジェクト333のことを、どのようにして知りましたか？

A　以前から、意識を高く持って暮らしていきたい、消費に気を配りたいと考えていました。とくに、ファッション産業が環境に及ぼす悪影響と、人権や貧困といったエシカルな問題がファッション業界に山積《さんせき》していることを恐ろしく思うようになったのです。そこでまず、ファストファッションで安価な服を買うのをやめることにしました。もっと質のいい服を買い、私と同じ価値観を持つブランドを応援したいと考えるようになったのです。そうやって、ゆっくりと変化を起こしていた時に、33ワードローブという考え方に出会いました。すぐに「すばらしい解決策だわ！」と思いました――吟味された少ない数の服を着れば、量より質を大切にできるうえ、コーディネートも工夫できると思ったからです。そこでさらに調べてみたところ、プロジェクト333に出会いました。

この方法を実践すれば、自分のワードローブとショッピングの習慣をリセットできるような気がしたので、まずは1年試してみることにしました。結局、それからもう4年以上続けています。もう、以前の生活に戻ることなど想像もできません。

Q 33ワードローブを実践してきて、どんなことがわかりましたか?

A 何より痛感したのは、服やファッションでいい気分になったり幸せな気分になったりするために、山ほどのワードローブは不要だということです。私は今クローゼットに手を伸ばし、何も考えずにぱっと組み合わせた服を着られることをとても嬉しく思っています。ワードローブが少なくなったおかげで、いろいろな着こなしを試そうと工夫するようになりましたし、創造性を発揮して意外な組み合わせにも挑戦するようになりました。あのまま膨大な服の山に埋もれていたら、こんなことはあり得なかったでしょう。

33ワードローブのおかげで、着心地のいい服、着ていて気持ちが明るくなる服に集中できるようになり、自分らしいスタイルを追求できるようになったのです。それに、見ているだけで罪の意識にさいなまれる服や、負の感情を引き起こす服をすべて手放すこともできました。今、私のワードローブはクリーンで穏やかなスペースです。服にまつわるストレスからようやく解放されたのです。

今のワードローブには私らしいスタイルの服しかありませんし、購入する服の数がぐんと減り、社会や環境に責任を果たしているブランドにお金を使えるようになりました。これって、最高の気分よ。

Q　プロジェクト333や33ワードローブを今日から始めようとしている人に、何かアドバイスはありますか？

A　これはいわば、学びのプロセスです。ですから、すぐに何もかもうまくいくとは思わないでください。それに、たとえ期待どおりの成果があがらなくても、自分を責めないでください。33ワードローブの服を着る経験を通じて、みなさんはこれから自分らしいスタイル、自分のライフスタイルに合うものと合わないものを模索していくのです。

そして季節が変わるたびに、これまで自分が学んできたことを次の33ワードローブに反映させていきます。そうやって試行錯誤を重ねるうちにどんどん楽に服を選べるようになります。それに、自分が一番着たい服やスタイルのセンスも磨かれます。

「ルール」にはこだわりすぎないで。うまくいかないことがあったら、別の方法を試したり、どんどん修正してください。33ワードローブはあくまでも、あなたが活用できるツール。でも、このツールはきっと役に立つはず！

17

冬――エレンの場合

ERIN(WINTER)

Q 服を増やすことを考えずにすむようになって、ほかのことに時間やお金やエネルギーを使えるようになりましたか?

A 33ワードローブを始めるまでは、気晴らしのショッピングでずいぶん時間を無駄にしていました。今ではそれをほかの活動にあてられるようになり、心から楽しんでいます。

おかげでスローな生活を送れるようになり、人生で一番大切なことに集中できるようになりました。まるで、新たな人生の旅が始まったような気分。情熱を傾けていることにつながる仕事を始められましたし、買い物に費やすお金が減って、夫と一緒に旅行に出かけたり、ほかの活動を楽しんだりする余裕ができました。

それは何ものにも代えがたい経験で、こうした人生がひらけたことを心から感謝しています。

エレン冬の33リスト

TOPS

1 ストライプのゆったりしたボタンダウンシャツ
2 ブルーかグレーの長袖のシャツ
3 ダークグレーのVネックのリネンTシャツ
4 襟ぐりが丸く大きく開いた紺のTシャツ
5 えび茶と白のチェック柄のチュニック
6 ダークグレーかブルーのベルベットのボディスーツ
7 ダークグレーかブラウンのVネックセーター

DRESSES

19 グレーのTシャツワンピース
20 黒の長袖ワンピース
21 ウールのドレープワンピース

COATS&JACKETS

22 グレーのゆったりしたジャケット
23 赤か紺のウールのコート

BAGS

24 ベージュのハンドバッグ
25 グレーのバックパック

17

冬 —— エレンの場合

ERIN(WINTER)

8 グレーのニット
9 ダークレッドのセーター
10 白のノルディックセーター
11 ライトグレーのセーター
12 ベージュのカーディガン
13 黒のチェック柄のロングカーディガン

PANTS&SKIRTS

14 黒のブーツカットジーンズ
15 ダークブラウンのウールのパンツ
16 黒のスキニーのニットパンツ
17 紺のリネンのミディスカート
18 グレーのニットのミニスカート

ACCESSORIES

26 クリーム色のニットベレー帽
27 ブルーのケーブル編みニット帽
28 カラーブロックのニットスカーフ
29 ペイズリー柄の大判ストール
30 ブルーのミトン

SHOES

31 ワインレッドのヒールのあるブーツ
32 ライトブラウンのショートブーツ
33 ブルーのスノーブーツ

18

春——クリスティーンの場合

CHRISTINE (SPRING)

NAME

クリスティーン・A・プラット

CITY

ワシントンDC

BASIC COLORS

黒、インディゴブルー、鮮やかで明るい色

BASIC ITEMS

オールインワン、デニムのジャケット、スキニージーンズ

FAVORITE STYLE

赤のオールインワン

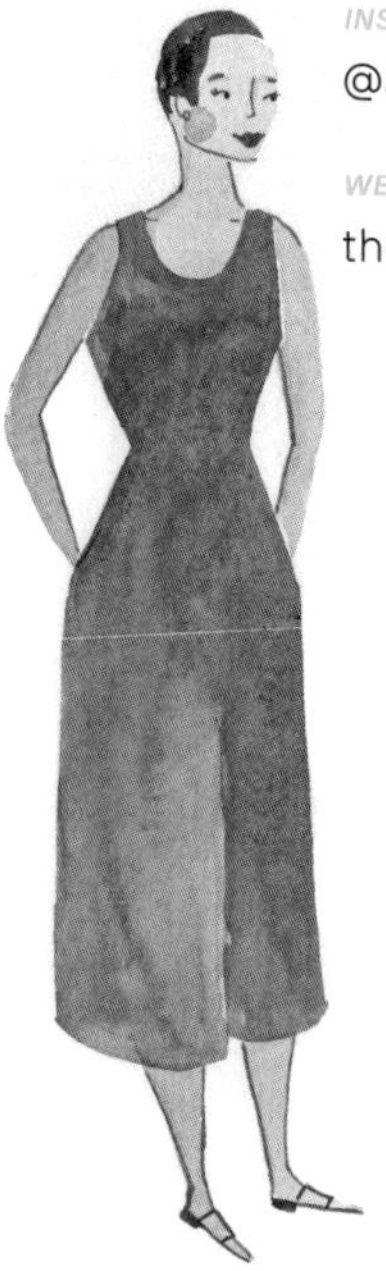

INSTAGRAM

@afrominimalist

WEB

theafrominimalist.com

#project333で検索していた時に、インスタグラムでたまたまクリスティーンを見つけました。そして彼女がインスタグラムで発信しているメッセージと画像にすっかり魅了されました。ワシントンDCというあわただしい都市に暮らしている人が、あえてスローファッションに挑戦していることにも胸を打たれました。

Q 簡単な自己紹介をお願いします

A 学者です。アフリカ人とアフリカ系アメリカ人の歴史や文化を研究しています。私はアフリカ人の強制移住の歴史を研究し、それを後世に伝えることを使命と考えています。それが作家として、またストーリーテラーとしてのキャリアにもいかされています。これまで老若男女に向けた歴史小説やノンフィクションを執筆してきました。それから、私にはすばらしい娘、ナラがいます。ナラはティーンエイジャーで、バイオリニストで、ビジュアルアーティストで、創意に富んだ作家でもあります。私と娘は相性が抜群なの。

Q プロジェクト333のことを、どのようにして知りましたか？

A 神のお導きとしか思えないんです！　当時、私は広い一戸建てから60平米もないマンションに引っ越して、ミニマリストの生活を送ろうと努力していました。であれば当然、クローゼットのガラクタも片づけなければなりませんよね。そこで「ミニマリスト　クローゼット　方法」というキーワードで検索したところ、たまたまプロジェクト333を見つけたんです。おかげで人生が変わりました！

Q 33ワードローブを実践してきて、どんなことがわかりましたか？

A 初めのうちは、たったあれだけの数の服で暮らすだなんて、とてもじゃないけど無理だと思っていました。でも、すぐにハッとしました。そういえば、いつだって「頼りになる」服は何着か決まっていて、〝この組み合わせなら間違いない〟服を選んでいるじゃない、と。そこで自分の「お気に入り」のアイテムを意識してみたら、次のふたつの条件を満たすワードローブが自然にできあがったんです。

その条件は、①仕事や遊びに出かける身支度が簡単にできる、②着心地がよくて着ていると気分がいい、でした。

Q プロジェクト333や33ワードローブを今日から始めようとしている人に、何かアドバイスはありますか？

A とにかく最初は時間をかけて、あわてないこと。それから、自分を追い込まないこと。私もコツをつかむまでには2シーズンほどかかりましたから。インスタグラムで#project333で検索してみるのもすごく参考になります。私は今でもしょっちゅうインスタグラムからアイディアをもらっています。

Q 服を増やすことを考えずにすむようになって、ほかのことに時間やお金やエネルギーを使えるようになりましたか?

A そうなの! ものすごく時間を節約できるようになりました。とりわけ、朝は。だってもう「今日は何を着ればいいの?」って、クローゼットの前に立って悩まずにすむんだもの。おかげで時間に余裕ができて、ほかのことができるようになりました——執筆、ヨガ、瞑想。ベッドでぐずぐずして、ぼんやりと夢想に耽ったりもします。それに、無駄遣いもしなくなりました。だって33ワードローブを実践していれば、よく考えて買い物をするようになりますから。考えに考えて、本当に気に入ったものしか買わなくなったんです(そして、大大大好きなものと、すでにあるものとを入れ替えるの!)。

クリスティーン春の33リスト

TOPS

1 白のTシャツ
2 黒のTシャツ
3 紺と白のストライプのTシャツ
4 白の襟付きシャツ
5 デニムのシャツ
6 デニムのジャケット

JUMPSUITS

7 赤のオールインワン
8 白のオールインワン
9 テラコッタのオールインワン
10 デニムのオールインワン

BLAZERS

20 黒のブレザー
21 デニムかライトブルーのブレザー
22 マルチカラーのブレザー

SHOES

23 黒のヒールかパンプス
24 黒のローファーかフラットシューズ
25 白のスニーカー
26 ヌードカラーのサンダル（ローヒールかウェッジ）
27 黒のサンダル（ローヒールかウェッジ）

PANTS&SKIRTS

11 ボーイフレンドデニム
12 スキニージーンズ
13 黒のクロップドパンツ
14 黒のワイドパンツ

DRESSES

15 黒のイブニングドレス（カクテルドレス）
16 カラフルで、遊び心のあるフォーマルドレス
17 カラフルで、遊び心のある普段着ワンピース
18 デニムのワンピース
19 週末用ワンピースかワンマイルドレス（Tシャツワンピースかマキシワンピース）

ACCESSORIES

28 ダイヤモンドのピアス
29 シルバーのピアス
30 ゴールドのフープピアス
31 シルバーのフープピアス
32 ゴールドとシルバーのチャーム付きのネックレス（毎日着けています）
33 マルチカラーのスカーフ

19

夏——アニューシュカの場合

ANUSCHKA (SUMMER)

NAME
アニューシュカ・リース

CITY
ドイツ、ベルリン

BASIC COLORS
白、赤、ピーチ色、イエロー、クリーム色

BASIC ITEMS
白のコットンシャツ、クリーム色のAラインスカート、白と黒のストライプのボディスーツ

FAVORITE STYLE
レインボーストライプのスカート、赤のラップトップシャツ、ライトグリーンのサンダル

INSTAGRAM
@anuschkarees

WEB
anuschkarees.com

19

夏——アニューシュカの場合

ANUSCHKA(SUMMER)

アニューシュカは“The Curated Closet”（『厳選したクローゼット』、未訳）と“Beyond Beautiful”（『美のかなたに』、未訳）の著者です。彼女のファッションや装いに対する姿勢に、私は共鳴しています。彼女の文章を少し紹介しましょう。

だって、おかしいと思いませんか。このところ世間には、型にはめこんだファッションアドバイスがあふれています。あなたの体型はフルーツにたとえれば○○型だとか、あなたのパーソナルカラーをクイズで細かく分析しましょうとか言いたてたあげく、あなたにはこの色とこの色しか似合いませんとか、このスタイルの服しか似合いませんとか、勝手に決めつけてくる。たしかに顔映りが悪くてくすんで見える色はあるでしょうし、その反対もあるでしょう。でも大半の色の服は着てみればそこそこ似合うものですよね。服のかたちやシルエットもそう。たしかに、変わったかたちの服を着ると下半身が太って見えるかもしれないし、その逆に1キロほど細く見える服もあるでしょう。でも、あなたの体型が変わるわけではありません。どんな服を着たところで、あなたの体型が魔法にかかったように変化するわけではないのです。ですから、あなたにお気に入りのスタイルがあって、着心地がいいのなら、それを着ればいい。その服があなたの体型を実物以上によく見せていようがいまいが、気にすることはありません。それに、そもそも「実物以上によく見せる」服というのは、たいてい「細く見せる」服を指しています。でも、あなたが服を着る最大の目的は「細く見せる」ことであってはならないのです。

Q　簡単な自己紹介をお願いします

A　私は筋金入りの内向型です。今は、ボーイフレンドがときどき社交の場に無理やり連れ出してくれるんですが、そうでもなければ、朝から晩まで書き物をしたり、猫とまったりしたり、本を読んだりしているでしょう。

Q　「より少ない」服で生活するようになってわかった大切なことはなんですか？

A　ファッションのルールなんか無視したってへっちゃらだということ。よく吟味してから服を買うようにしたら、心から好きな服と、痩せて見えるからとか流行だからとか吹き込まれた服はまったくの別物だとわかりました。

Q　プロジェクト333や33ワードローブを今日から始めようとしている人に、何かアドバイスはありますか？

A

完璧を目指したり、100%ルールを守ろうとしたりしないこと。肝心なのは、日々の生活をスムーズに送れること、時間を節約すること、身支度のストレスを減らすことです。最適な組み合わせはなんだろうと考えすぎて、逆にストレスを感じてほしくはありません。べつに年がら年じゅう完璧なスタイルを保って、ものすごく洗練された服装をする必要なんてないんですもの。

Q

服を増やすことを考えずにすむようになって、ほかのことに時間やお金やエネルギーを使えるようになりましたか?

A

そうなの! 以前は、創作意欲が高まってくると、それをファッションやショッピングに吐き出していたんです。だからしょっちゅう買い物に出かけていました。でも今は創作したくなると執筆に打ち込んでいます。絵まで描くようになりました。カラフルな色で遊んでいるとすごく楽しいのよ。

アニューシュカ夏の32リスト

BAGS

1 赤の小ぶりのクロスボディバッグ
2 かごバッグ
3 白のクラッチバッグ

ACCESSORIES

4 ブラウンの細ベルト
5 サングラス

SHOES

6 クリーム色のスニーカー
7 白のミュール
8 ライトグリーンのサンダル

DRESSES

19 白のノースリーブのシャツワンピース
20 クリーム色か白の花柄ミニワンピース

TOPS

21 長袖の白のリネンシャツ
22 白のキャミソール
23 クリーム色のノースリーブのリネンシャツ
24 カーキ色のリネンキャミソール
25 ピーチ色のキャミソール
26 ミディアムブルーの半袖シャツ
27 緑のキャミソール

9 ビルケンシュトックの黒のサンダル（フラット）
10 黒のサンダル（ヒール）

PANTS&SKIRTS

11 白のコットンのショートパンツ
12 ライトウォッシュデニムのショートパンツ
13 ギンガムチェック柄のショートパンツ
14 ストライプのワイドパンツ
15 クリーム色のAラインミニスカート
16 柿色のデニムミニスカート
17 赤のミディスカート
18 ストライプのミディスカート

28 ライトイエローのTシャツ
29 ライトグレーの丸首Tシャツ
30 赤のラップトップシャツ
31 白と黒のストライプのボディスーツ
32 ライトウォッシュデニムのジャケット

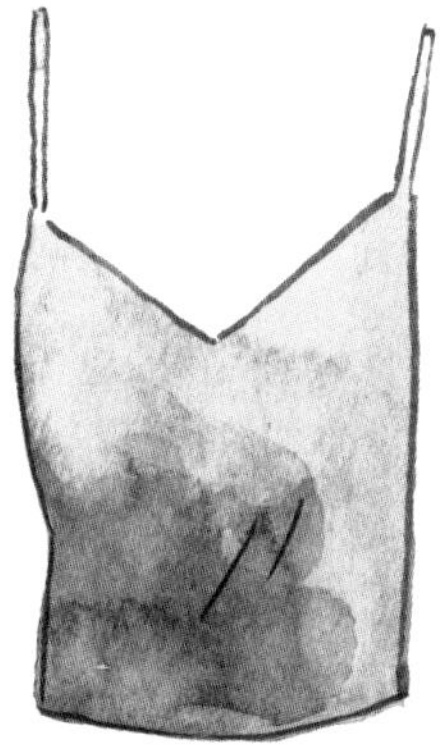

20

秋——キャロリンの場合

CAROLINE (FALL)

NAME

キャロリン・ジョイ・レクター

CITY

テキサス州、ダラス

BASIC COLORS

クリーム色、ヌードカラー、オレンジブラウン、はちみつ色、ブラウン

BASIC ITEMS

ヴィンテージのリーバイス、ゆったりとしたセーター、プリント柄ワンピース、ミュール、白のスニーカー

FAVORITE STYLE

ライトブラウンの編み込みミュール、ヴィンテージのリーバイス、ヌードカラーのレース付きキャミソール

INSTAGRAM

@caroline_joy

WEB

un-fancy.com

キャロリンは自身のウェブサイトで、これまでの33ワードローブの変遷《へんせん》、日々のスタイル、ワードローブをシンプルにするヒントをシェアしています。

「1年間、33ワードローブに挑戦してみたら、以前よりずっと自分のスタイルに満足できるようになりました。自信を持てるようになって、自分らしいスタイルがよくわかってきたんです」と、彼女は話しています。

Q 簡単な自己紹介をお願いします

A 育ったのはテキサス州西部の小さな町です。ブロガーになる前は7年間、結婚式のカメラマンをしていました。ブログを始めたのは2014年。ブログを書くのが大好きなの！　とにかく美しいものが好きで、日々の装いだけではなく、インテリアデザインも楽しんでいます。ヴィンテージと新しいものを組み合わせていい感じのバランスにしていくプロセスがたまりません。

Q 33ワードローブを実践してきて、どんなことがわかりましたか？

A どんな作業でも、コンパクトにまとめればさくさく進むということがわかりました。たとえば、私は自分なりのスタイルを模索していてワードローブを変えたいと思っていたんですが、33ワードローブを実践するまでは服の量が多すぎてどこから手をつければいいのかわかりませんでした。でも服の数を減らして、この範囲のなかでスタイリングを考えようと決めてからは、いろいろとアイディアが浮かんでくるようになったんです。今ではこのやり方を日々の生活のあれこれに応用しています。何かが手に負えないと思って身がすくんでしまったら、とにかくまず量を減らすことにしています。

Q　プロジェクト333や33ワードローブを、今日から始めようとしている人に、何かアドバイスはありますか？

A　あまり身構えないことですね。このチャレンジの楽しさは、次から次へと新たな発見があるプロセスにあるんですもの。6年前、初めて33ワードローブを選んだ時には「もうこれで完璧。あとは一生このままで大丈夫」なんて思ったものです。でも、理想とするルールに縛られすぎて、新しい服が必要になったり欲しくなったりすると、そのたびに罪の意識に駆られていました。

でも人生って、いつも変化を続けていくものでしょう？　仕事、ライフスタイル、体型、健康、住んでいる場所だって、変わることがありますよね。そこで私は、日々変わっていくのが当然だと考えることにしたんです。そうしたらすごく晴れやかな気分になって、解放されたような気がしました。私らしさにこだわったり、自分らしいスタイルはこれだと決めつけたりすることもなくなりました。私が好きなのはミニマリズムのルールじゃなくて、そこから湧きあがる好奇心、生涯続く学びの姿勢、穏やかなマインドフルネスなんですから。だからみなさんにも、自分に寛容になって、窮屈な決めつけから解放されて、この旅をのびのびと楽しんでほしいのです。

最後にもうひとつ！　しばらくショッピングを控えたいと思っているのなら、眺めていると思わず買い物をしたくなるインスタグラムのフォローは遠慮なくやめてしまいましょう。ネットショップのニュースレターも解除ね。

Q 服を増やすことを考えずにすむようになって、ほかのことに時間やお金やエネルギーを使えるようになりましたか？

A いえ、それが……(笑)。もちろん、ワードローブの数を減らしたおかげでお金も時間もエネルギーもほかのことに向けられるようになりました。でも私の場合、ワードローブに関するブログを始めたので、実際には以前より服装について時間をかけて考えたり、取り組んだりするようになったんです。といっても、毎日、服選びにかける時間はぐんと短くなりました。それに「今日は何を着ようかな?」と考えるのがすごく楽しくて、ワクワクするようになりました。おまけにショッピングをする時には、よく吟味するようになりましたね。

それと、これだけは言わせて。私はファッションが大好きだし、毎日、スタイリングをするのが楽しくて仕方がないんです。今では私の生きがいになっていますし、一種のアートだと思っています。この自分なりの芸術表現を、私は日々、楽しんでいるところです!

キャロリン秋の33リスト

SHOES

1 白のスニーカー
2 ライトブラウンの編み込みミュール
3 ヌードカラーのレースアップブーティ
4 ブラウンのアンクルブーティ

20

秋――キャロリンの場合

CAROLINE(FALL)

COATS&JACKETS

5 オレンジブラウンのリネンのトレンチジャケット

6 オーバーサイズのカーキのトレンチコート

PANTS&SKIRTS

7 ライトウォッシュのヴィンテージのハイライズバギーパンツ

8 黒のハイライズのスキニージーンズ

9 クリーム色のデニムのハイライズワイドパンツ

10 カーキ色のコーデュロイのハイライズワイドパンツ

11 ブラウンの水玉のミディスカート

DRESSES

12 オレンジブラウンの花柄半袖ミディワンピース

13 オレンジブラウンの花柄長袖ミディワンピース

14 クリーム色のノースリーブニットワンピース

15 黒と白のプリント柄の長袖ミディワンピース

BAGS

16 赤茶色のシンプルなレザートートバッグ

17 オレンジブラウンのショルダーバッグ

18 ヌードカラーのクロスボディバッグ

TOPS

19 クリーム色のアイレット（透かし編み）セーター
20 オレンジブラウンの厚手ニットセーター
21 グレージュのオーバーサイズセーター
22 テラコッタの厚手ニットカーディガン
23 ヌードカラーのレースキャミソール
24 白のゆったりしたTシャツ
25 生成りの薄手Tシャツ
26 生成りの無地の薄手スウェットシャツ
27 オレンジブラウンのラップトップシャツ
28 からし色の花柄のトップス
29 クリーム色の長袖リブカットソー

ACCESSORIES

30 90年代のレトロなべっ甲サングラス
31 クリーム色の小ぶりのフープイヤリング
32 ゴールドの華奢《きゃしゃ》なネックレス
33 ゴールドのペンダントネックレス

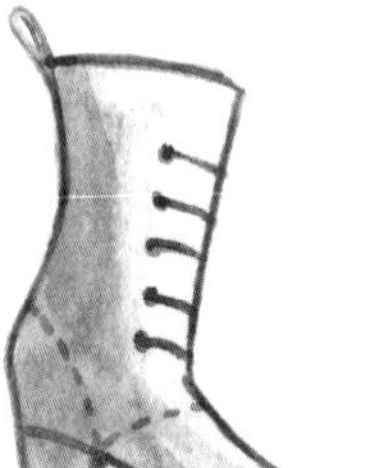

PART

04

Be more you

本当の自分を取り戻す

21

YOU

本当の自分に出会う

さて、これまでさまざまな素敵な女性たちとそのワードローブをご紹介してきたのは、べつに見本にしてほしいからではありません。自分にはどんなワードローブがいいのかを考えるヒントにしていただきたいからです。

あなたはワードローブにどんな服を選びたいですか?

もしかすると、こんな問いかけをされたのも、自分に問いかけるのも、初めてかもしれませんね。というのも、私たちは知らず識らずのうちに「これを着なさい」と他人から命じられた服を着ているからです。雑誌のお勧め、トレンド、それに次から次へとネットショップから送られてくるメールの売り文句。でも、そうした呪縛から逃れて、本当に自分が「着たい」服を選べるようになれば、あなたが「こう生きたい」と願う人生の後押《あとお》しをするワードローブができるのです。ワードローブを変えるだけで劇的に人生が変わることを実感すれば、日々の生活におけるさまざまなものの選択基準についても

21

本当の自分に出会う

YOU

よく考えるようになるでしょう。私は、「このチャレンジは世界じゅうの人たちのクローゼットと人生を変えています」と、自信を持って言いたいのです。

自分らしいスタイルがどんなものか、よくわからない。そう思っている方がプロジェクト333に初めて取り組む際には、はっきりしたスタイルを決めないでおきましょう。

私が初めてチャレンジした時は、手持ちの服だけで33ワードローブをつくりました。そしてアイテムを組み合わせてスタイリングをする際には、ファッションのルールはすべて無視しました。それから何年もの歳月が流れました。今でも私のワードローブには33以下のアイテムしかありません。それでも10年前とはまるでスタイルが違います。派手な色の服は減り、いっそうシンプルになりましたし、着まわしのきく服が増えました。

あなたのスタイルのテーマはなんですか？　そう尋ねられると、私はいつも「自由」と答えています。もちろん、ファッション用語としてはふさわしい答えではありませんが、私は33ワードローブのおかげで、ルール、服への浪費(時間とお金の両方)、うしろめたさ、見栄といったものから解き放たれ、自由になれたのです。

そう、私のスタイルは「自由」なのです。

「本当の自分」を取り戻す

プロジェクト333は、あなたが自分らしさを取り戻す手助けをします。それにあなたのなかに眠っていた能力を開花させるので、自分らしさを深く問いなおすきっかけにもなります。とはいえ、このチャレンジは「自分探し」の旅ではありません。本当の自分を思い出す、それだけです。

生活をシンプルにすると、心が豊かになりますし、人間関係にも変化が生じ、仕事にもいい影響が及びます。私自身、それを日々実感しています。

もちろん、このチャレンジを始めた当初は、ガラクタを処分する、借金を返す、ものの数を減らして小さく暮らすことばかりに懸命になっていました。つまり、まず目に見えるかたちで自分の外側で変化が生じたわけですが、やがて内面にも変化が生じました。ものをひとつ手放すたびに、義務やこだわりからも解放され、本当の自分を思い出したのです。そして、これまでどれほど自分を見失っていたのかを痛感し、とにかく本来の自分を取り戻すことに専念しました。

「本当の自分」を取り戻すのが大切な理由

- 自分を偽って生きていると、疲弊してしまいます。心身ともに参ってしまうのです
- 自分らしく生きられるようになればなるほど、自分のことを大切にできます
- ありのままの自分を前面に出して生きるようになると、世界に対してよりよい方法で、より大きな貢献ができるようになります
- 自分にふさわしい人たちを惹きつけるようになります。あなたが本当の自分を理解すれば、相手にも本当のあなたが伝わるからです
- もっと愛情あふれる世界が広がります

本当の自分を取り戻すために、できる限りたくさんのスペース、時間、愛を自分に与えてください。日々の生活から、ゴチャゴチャ、あわただしさ、ストレスを減らせば、本来すべきことをする余裕が生まれます。私自身、生活をシンプルにした結果、自分らしくあるためのスペース、時間、愛を手に入れることができました。

私は次に挙げる方法を実践して、確実に自分を取り戻してきました。

1 自分について書く

ジュリア・キャメロンは著書『ずっとやりたかったことを、やりなさい。』、(菅靖彦訳、サンマーク出版)のなかで、毎朝、3ページ分、自分について文章を書くことを勧めています。最初は1ページ分か5分間、もしくはどんな方法でもいいですから、とにかく書いてみましょう、と。あれこれ書きなおしたり、よしあしを判断したり、他人に見せる必要はありません。とにかく毎朝、ひたすら自分について書くのです。頭に浮かんだこと、思わず微笑んだこと、泣いてしまったこと、そして朝食に何を食べたかなど、なんだっていいのです。すごく変わった夢や大嫌いなもの、大好きなもの——書きたいことをなんでも書いてください。句読点をどこに入れようが、言葉づかいがおかしかろうが、辛辣だろうが、バカげていようが、怒っていようが、かまいません。ただひたすら、思いのままを書き出していきます。

毎日書き続けているうちに、自分の本心、本来の自分がわかってきて、どんな時に自分を見失い、取り戻すのかもわかってくるでしょう。

2 一緒にいると明るい気分になれる人と過ごす

あなたの幸せを願い、本当のあなたを愛してくれる人たちと一緒に過ごしましょう。

そうではない人たちとは、できるだけ会わないように。ただし、落ち込んでいる人がいて、自力では立ちなおれないようであれば、相手の気持ちに寄り添いましょう。

本当に支援を必要としている人がいたら、数時間、ボランティアとして一緒に過ごすのもいいし、少額の寄付や、笑顔やサンドイッチを届けたりするのもいいでしょう。すると、こちらが支援しているつもりでも力を分けてもらえることに驚くはず。

周囲の人たちを深く愛しましょう。そして、愛情のお返しを受け取るのも忘れずに。

3 自分の価値を示そうとするのをやめる

以前の私は、少しでもデキる人間に見せようと必死になっていました。自分を偽り、大きく見せようとしていたのです。でもそんなふうに働いていたら、疲弊し切ってしまいました。どこもかしこも具合が悪くなり、平日、仕事を終えるともうヘトヘトでした。それなのにさらに自分を追い込み、あくせくしていました。だって、いつだってしなければならない用事があったし、自分の能力を証明しなければならなかったから。当然、目標はますます大きく、ハードルはますます高くなっていきました。

こうして長期にわたって外向型のふりをして仕事をこなしているうちに、私はついに自分を見失いました。自分とは何者なのか、何を生きがいにしているのかが、すっかりわからなくなったのです。そしてついに、「もう、たくさん」と言わざるをえなくなりました。そこでいったん動きを止め、心の声に耳を澄ますことにしたのです。

こうしてシンプルな生活へと舵を切ったおかげで、私は心の平穏を取り戻し、愛情を感じられるようになりました。シンプルな毎日が、私という内向型の人間の心を癒してくれたのです。

4 余計なもの、過剰なものを手放す

余計なもの、必要以上にあるもの、自分にとってなんの意味もないものを、どんどん手放していきましょう。すると自然に、周囲の人からの要望にも「イエス」ではなく「ノー」と言うようになるかもしれません。その結果、周囲の人を失望させることもあるでしょう。一人で過ごす時間が増え、自分の弱さを認めたあげく、誰かに助けを求めることもあるでしょう。

とにかく必要なだけ、じっくり時間をかけてください。本来の自分を取り戻すことができれば、これまで想像もしていなかった方法で人に与えられるようになるのですから。

5 胸に両手を置く

128ページで紹介した「心の呼吸法」を実践しましょう。あなたの心は、本当のあなたを知っています。ですから少し時間を割いて、心の声に耳を傾けましょう。

6 自分にとって最善のことをする

人の体験談を聞いたり、友人とおしゃべりしたり、アドバイスをもらったりすると、大きなヒントを得たり、進むべき道がわかったりすることがあります。でも私の場合、自分にとって最善のことを知りたい時には、両手を胸に置き、自分のことを一番よく知っている相手、つまり自分の心に助言を求めます。本来の自分とつながればつながるほど、自分にとって最善のことは本人が一番よくわかっていると自信が持てるようになります。心にはわかっているのです。

本来の自分を取り戻すと、自分にとってふさわしいものや相手がわかってきますし、世界のためにできること、目的や情熱を持って生きる方法もわかってきます。人との絆も強くなり、仕事もうまくいき、気持ちも穏やかになる。本来の自分を取り戻し、より自分らしく生きるために、できることはなんでもすべきなのです。

私が自分のワードローブの詳細を公開しない理由

「より少ない」服とものので暮らすのは、人生をよりよいものに変えるすばらしい方法です。ですからプロジェクト333では「今より少ない服で暮らしてみませんか」と提案していますが、「より少ない」の尺度は人によって違います。だからこそ、私は自分のワードローブに関する詳細は公開していません。それに、あなたが何を着るべきで、どこで買い物をすべきかというお勧めも一切していません。このチャレンジでは、みなさんに着るべき服、買い物すべきショップを教えるようなことは一切しません。「○○風」ではなく「あなたらしい」装いをしてほしいからです。

ですから自分に似合うものは、自分で見つけなければなりません。ある程度は試行錯誤が必要となるでしょうが、いつか自分にぴったりのスタイルがわかり、幸せになれるはずです。

私は、あなたが完璧なものを買うお手伝いをするつもりはありません。あなたが自分を取り戻し、自分らしい装いをするお手伝いをしたいのです。最高のスタイルが見つかれば、あなたはこのうえなく幸せに、健康になり、人生を謳歌できるはず。それは完璧なワードローブをつくるお手伝いよりも、私にとってはるかに胸躍ることなのです。

22

CREATIVITY

自分のなかの創造性に耳を澄ます

わが家の生活はシンプルです。私のワードローブはナチュラルなベーシックカラーの服ばかりですし、カレンダーに予定が入っていない日もたくさんあります。けれど、私の人生には色彩、冒険、創造性、愛情があふれています。ただ、これまでずっとそうだったわけではありません。かつての私は好みではないのにカラフルな服を買っていました。服で創造性を表現できないのなら、人生でも創造性を発揮できないような気がしていたのです。ところが実際にはその正反対でした。ありったけの創造性を服選びに注ぎ込むのをやめたら、人生のあらゆる面で創造性を存分に発揮できるようになったのです。

自分は芸術家だと思ってはいなくても、私たちはみな心の奥底で、何かを創造したい、クリエイティブになりたいと思っているのではないでしょうか。これまでに本を読んで心を動かされたり、絵画や写真を見て涙ぐんだり、初めて耳にした曲にぞくぞくしたり、絶品の一皿に舌鼓《したつづみ》を打ったりした時には、そうした創作品の源に才能以上のものがあることを感じたはずです。あなたはそれを感じますし、つくり手もまたそれを感じているのです。

子どもが生来、大人より創造性にあふれているのは、「あなたにそんなことはできない」と、誰からも否定されないからかもしれません。私は小学校5年生の時、近所の店を写生したところ低い評価しかもらえず、「私は絵がヘタなんだ」と落ち込みました。でもその数年後、私は美術学校に通いましたし、今でも絵を描いたり、写真を撮ったり、文章を書いたりと、クリエイティブなことをするのが大好きです。

そんな私にも「大人なんだから」という理由で、すべてを封印していた時期がありました。食べていくために働き、責任や義務といったものに忙殺されていたのです。ところが余計なものを手放し、日々の生活にスペースが生まれると、私はまた積極的に創作活動に取り組むようになりました。

もちろん、創作活動に時間を割けるよう、日課やスケジュールを調整することもありますが、創作意欲がふっと湧きあがってくる時もあります。創造性のエネルギーが自分のなかで高まり、ある時点で、自然にあふれ出してくるのです。自分の創造性を表現するのはとても大切です。あなたがクリエイティブなタイプなら、創造性の波を高める方

22

自分のなかの創造性に耳を澄ます

CREATIVITY

法も活用できますが、時には創造性のほうが勝手に指図してくることもあります。いつ、どんなふうに、どこで、何をすべきかを指示してくるのです。そんな時は、ただ耳を澄ましましょう。私の場合、ヨガマットの上で力を抜いて長々と横になっている時やワークアウトをしている時、眠りに落ちる30秒前あたりで、ぱっとアイディアがひらめくことがあります。シャワーを浴びている時や散歩している時に、最高のアイディアが浮かんできたこともあります。ですから服に合う小物や色の組み合わせを考えて、大切な創造のエネルギーを無駄遣いすることだけは、なんとしても避けたいのです。

私たちには有意義なものをつくる力があります。注意を向ける必要がないものに気を散らして、日々をあわただしく過ごしてはならないのです。

作家のエリザベス・ギルバートは見事なTEDトーク〝Creative Genius（創造性を育むには）〟のなかで、「古代文明では芸術家にそっと力を授ける神のような存在が信じられていた」と語っています。彼女はまたアメリカの詩人、ルース・ストーンとかわした会話を紹介しています。ルースはバージニア州で育ちました。畑仕事をしていると、大地のかなたから詩がこちらに向かってやってくるのを感じ、その音まで聞こえたそうです。あ、詩が向こうからやってくる。そう感じた瞬間、彼女は「脱兎《だっと》のごとく」走るしかなかったそうです。ただがむしゃらに走って自宅に戻り、詩に追われた状態で紙と鉛筆を必死で引っつかむ。そして詩が雷のように身体を通り抜けようとした瞬間、その尻尾をつかむのです。

あなたも創造的なアイディアが「雷のように身体を通り抜けていく」経験をしたことがあるなら、また同じ体験をしたいと願うでしょう。思うに、雷に打たれるようなこうした瞬間を、私たちは頻繁に経験しているのではないでしょうか。ただ、とらえそこねているだけなのです。それもこれも、重要であるべきだと思い込んでいることに無駄な注意を払って忙しくしているせいで。

ワードローブと生活をシンプルにすれば、自分のなかの創造性が声をあげた瞬間に耳を澄まして、反応できるようになります。

さて、あなたが創造したいものはなんでしょう？　あなたのなかで出番を待っているものはなんですか？　本を書きたい？　頬っぺたが落ちそうなほど美味しいヴィーガン・カップケーキを焼きたい？　曲をつくりたい？　どうか、つくってください。私たちのために。

もっと創造性を発揮すべき3つの理由

● 創造性は寿命を延ばす

サイエンティフィック・アメリカン誌の記事によれば、「死亡リスクを下げるのは、知性でも、旺盛な好奇心でもなく、創造性だけであることが判明した。創造性が健康維持に効果があるのは、脳内のさまざまな神経回路の活動が活発になることも一因と考えられている」そうです。創造性を発揮すれば、あなたは長生きできるだけではなく、健康も人生の質も、向上させることができるのです。

問題解決力が向上する

創造性を高めれば、仕事を含めたあらゆる場面で問題解決力が向上します。状況をひとつの視点から論理的に分析するのではなく、さまざまな角度から検討できるようになるからです。また視点を変え、不確かな状況にも対処できるようになります。研究によれば、先の見えない状況でも創造的な人がうまくやっていけるのは、不測の事態にも柔軟に対応できるからだそうです。

自信を持てるようになる

創造性を発揮したからといって、いつもうまくいくわけではありません。作品を披露したらけなされて傷つくことだってあるでしょうし、せっかくつくりあげた作品が日の目を見ずに終わることも覚悟しなければなりません。けれど、ものをつくるプロセスを経験するだけで、自然と自信が湧いてきます。失敗もまた創造のプロセスの一部なのだと気づくからです。失敗しても立ちなおれる、むしろそこから成長すれば、いっそういい作品をつくれることがわかるのです。

「創造性をうまく発揮できないのでは」と、あまり心配しないで。自分の創造性がどんなものかわからなくても、創造性が激しく湧きあがってこなくても、とにかく気楽に始めてみましょう。そして雷に打たれたようにアイディアがひらめいたら、それを逃さずつかまえて、あなたの創造性が差し出してきたすべてをかたちにしてください。

23

ENOUGH

足るを知る

2006年、多発性硬化症という診断を下された私は、心身の具合が悪い状態にうんざりしていたうえ、疲れていました。

あらゆるものが過剰になった結果、ストレスだらけの毎日を送ったせいで症状が悪化したのは確かでした。診断を受けたあと、私はとにかくストレスをなくすことにしました。ストレスとうまく付き合うのでもなく、ストレスを減らすのでもなく、日々の生活からストレスを完全に除去することにしたのです。だって、ストレスが私の命も、私の人間関係もズタズタにしようとしていたのですから。

まず、不健康な食生活を改めました。それから借金を完済し、ガラクタを処分し、不愉快な人間関係を断ち、イヤだった仕事を辞め、ついにワードローブの整理に着手しました——いつだって「足りない」としか思えない服の山を片づけることにしたのです。

それまではハンドバッグとサングラスの膨大なコレクションがありました。そこでバッグもサングラスもひとつに減らしたところ、周囲の人たちから心配されました。「たったひとつしかないのに、失くしたり、壊れたりしたらどうするの?」と。そうなったらそうなったで、ほかのものに替えるか、なしで済ませればいいだけの話。とにかく私は「足りない」ことをおそれて生きるのを、断固として拒否したのです。

あなたにとって「足る」とは何を意味しますか? それを理解したうえで、「もうたくさん、状況を変えなくちゃ」と思うのは、どんな時でしょう?

私自身、プロジェクト333を始めるまでは、自分にとって「足る」とは何を意味するのかが、まるでわかっていませんでした。「もっと」多くのものしか求めていなかった。「足るを知る」のではなく、「多すぎるくらいでちょうどいい」生活を送っていたのです。けれどついに、多すぎる生活に耐えられなくなりました。

私がプロジェクト333を始めた理由のひとつは、自分にとって「足る」とは何かを見極めたかったからです。当時の私には、ものがどれほどあれば十分なのか、見当もつきませんでした。そして十中八九、ものは「ひとつ」あれば足りるのだとわかった時には仰天しました(そして、心からうれしく思いました)。サングラス、ハンドバッグ、ジーンズ、冬のジャケット、どれも、ひとつあれば十分。以前はどのアイテムも山ほど持っていたのですから、まさに正反対です。ひとつあれば足りるし、ひとつしかなければ、それを大切に手入れして、ありがたいと思って使うようになります。ひとつだけにしてしまえば、当然どれを使おうかと毎日決める必要もなくなります。手元にあるものを使えばいいだけなのですから。

あなたの33ワードローブに何を残すべきかを、私が指図することは決してありません。でも、次に挙げるものはさっさと取り除くことを強くお勧めします……すでに十分にあるのですから。

「もうたくさん！」なもの

完璧主義

最初から完璧な33ワードローブをつくることなどできないでしょう。でも3カ月が終わる頃には何もかもが違って見えるはずですから、完璧にこなそうとは思わないでください。これはあくまでもチャレンジであり実験。そして3カ月後には、また最初からやりなおせるのです。

人と比べる

私のワードローブとあなたのワードローブは違います。何もあなたまで黒い服ばかりで統一したり、5通りの着方ができる服を揃えたりする必要はありません。お住まいの地域の天候も、ライフスタイルも、服の好みも違うのですから。自分なりのプロジェクトにしてください。

杓子定規《しゃくしじょうぎ》

チャレンジを始めて、33ワードローブに残しておいた靴の履き心地が悪かったら、ほかの靴と取り替えましょう。いったんリストに書き出したからといって絶対に変えてはいけないわけではありません。熱心に取り組むのはいいことですが、融通《ゆうずう》もきかせましょう。

うしろめたさ

箱に服を詰めていると、着もしない服に大金を浪費したことをうしろめたく思うかもしれません。でもそんな時こそ変化を起こそうとしている自分を誇りに思い、新たな挑戦に胸をときめかせるべきです。うしろめたさを捨て、前向きに考えるのです。

がまんする

お気に入りのジーンズやコートがへたってきたり、少しきつくなってきたりしたら、取り替えましょう。選んだ服の着心地が悪ければ、選びなおせばいいのです。プロジェクト333は自分が本当に必要としているもの、クローゼットに残しておきたいものを学ぶ手段にすぎません。何かをがまんしてつらい思いをしているのなら、アイテムを取り替えたり、誰かに力を貸してもらったりしましょう。

こうした「もうたくさん!」なものを手放して、思いやり、品位、笑いのためのスペースをつくり、学んでいきましょう。

24

FAST

ファッション・ファスティング

「ファスティング」と聞けば、普通は断食のことを思い浮かべるでしょう。でも、プロジェクト333もまた一種のファスティングです。3カ月間買い物をせず、ショッピングとファッションに関して考えるのをやめるという意味で、一種の買い物断ちであり、ファッション断ちなのですから。

ほかのファスティングと同様、あなたがこのメソッドに興味を持ったのは、何かを我慢して修行したいと思ったか、精神の自由を獲得したいと思ったからでしょう。どちらの理由でもかまいません。ただ、何かを手放せば、何かから解放されたような気分を味わえます。考えなければならないジャンルがひとつ減るのですから。ショップに出かけてどの服を買おうかと決断する必要もないのです。

断酒した人からも似たような話を聞いたことがあります。「あと1杯だけ呑もうかな、今日は呑んでもいいかな、何を呑もうかな、どのくらいを限度にしようかな」といったことをまるで考えなくてすめば、気落ちが晴れるのです——たとえ、ある程度は楽しみを諦めざるをえないとしても。

プロジェクト333の目的は買い物断ちではありませんが、それが重要なステップであることは確かです。次の3カ月間に着るものを決めたら、もうそのあとは何もしません。3カ月後に、次のシーズンも33アイテムで過ごそうと決めれば、年間を通じてこの自由を堪能できるのです。すると自然に、以前よりじっくりと考えてからお金を使うようになります。その商品を買う理由を把握できるようになれば、本当は必要ないものを買うこと自体が難しくなるのです。

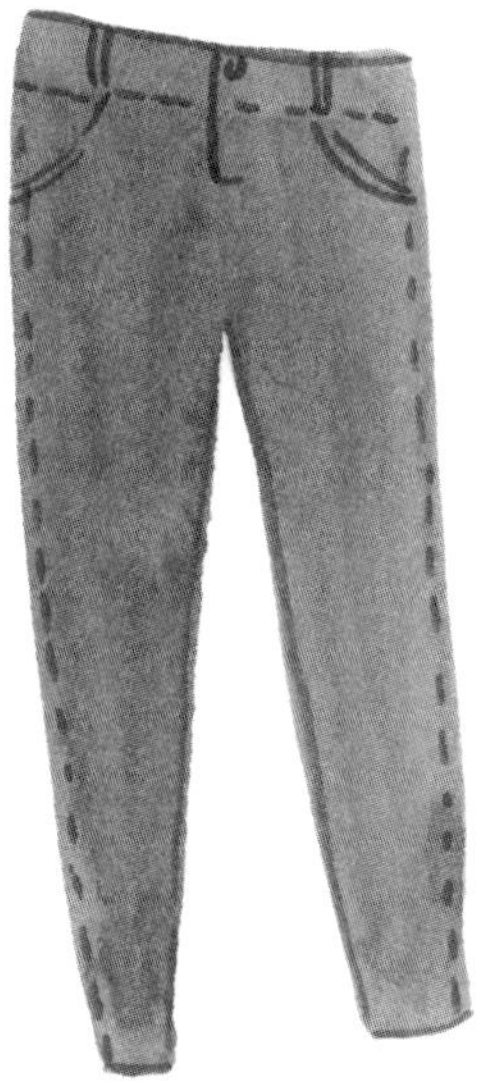

ショッピングを断つには

しばらくショッピングをやめてしまえば、自然とショッピングから卒業できるはず。でも次の方法で買い物に対する考え方を変えれば、最初の3カ月が終わったあとも買い物断ちを続け、ショッピングの習慣そのものを変えていけます。

● 絵画を鑑賞するように、服を眺めて楽しむ

いくらシンプルな生活を心がけても、「もっと」欲しいという気持ちが消えてなくなるわけではありません。欲望は少しずつ小さくなっていきますが、私の経験から言うと完全に消えるわけではありません。そこで「所有」する喜びを「鑑賞」する喜びに変えてみましょう。たとえば美術館に足を運べば、作品を所有することはできなくても、その芸術性を鑑賞し、堪能することはできます。同じことを新しい服やアクセサリーに当てはめてみましょう。ワードローブに新しい服が欲しいと思ったら、ただ眺めて鑑賞すればいいのです。

● しばらく待つ

「これ、絶対欲しい!」と思ったものは、きっと来月になっても買えるはず。ですから買い物をする前に、とりあえず30日間待ってみましょう。そして30日が経過したあと、そのアイテムがまだ必要と思えるか、素敵に思えるか、よく考えてみましょう。私はこの「とりあえず待つ」方法を実践したところ、かなりの金額を無駄遣いせずに済みました。というのも「絶対に欲しい!」と思ったアイテムのことなど、数日もたてばすっかり忘れてしまうからです。

紙の上でお金を使う

小さなノートを用意しましょう。そして、何か買いたくなるたびに、その商品名と価格をメモします。これを30日間続ければ、どれほど節約できたかがひと目でわかります。もう一歩踏み込むなら、買うのを思いとどまった商品の代金を、実際に貯めておきましょう。そうすれば30日後には、貯まったお金をローンの支払いにあてたり、慈善団体への寄付にあてたりできるはずです。

プレゼントに関する方針を立てる

友人や家族に相談して、プレゼントにかけるお金を減らす方針を立てましょう。プレゼント交換をやめられてほっとする人もいれば、あなたの案を断固拒否する人もいるでしょう。でも大半の人は、「プレゼント交換はするけれど予算は減らす」という折衷案《せっちゅうあん》に応じてくれるはず。なかには、品物の代わりに夕食をご馳走したいとか、週末旅行をプレゼントしたいとか、新たなアイディアを提案してくれる人もいるかもしれません。もしあなた自身はプレゼント交換をきっぱりやめたいのなら、まだ心の準備ができていない相手の気持ちを思いやりつつ、こちらの意思をはっきりと伝えましょう。

メールマガジンの受信や定期購読をやめる

お気に入りのショップからの最新情報をメールで受信するのをやめましょう。カタログの郵送も停止してもらい、セールのちらしを見るのもやめてください。商品のことを知らなければ、欲しくなりませんから。

ものに期待するのをやめる

ものに、あなたの人生を変える力はありません。何を買ったところで、それでよりよい人間になれるわけではないのです。

あなたをよりよい人間にできるのは、あなただけです。

25

SLOW

スローダウンするコツ

ジョナサン・フィールズは著書『Good Life Project　人生を満たす3つのバケツ』（くるみハウス訳、KADOKAWA）のなかで「スピードと忙しさは選ぶことができる」と述べています。本当に、そのとおり。実際、日々の生活はあわただしく、忙しいものですが、そうした生活を選んでいるのは私たち自身。それが自分のせいならば、もっと生活のペースを落とし、楽しいものにできるはず。充実した人生を送りたいからと、何もクタクタになるまで働き、目がまわるほど忙しい毎日を送る必要はないのです。だって人生そのものがあっという間に過ぎ去っていくのですから。毎日、毎週、ちょっとしたスローな時間をつくり、ささやかな日々の変化を感じ、今という瞬間をいつくしみ、短いながらも豊かな時間を心から楽しめるかどうか。それを決めるのは私たち自身です。

たしかに、猛スピードで進んでいく世間のあれこれを自分の力ですべてコントロールできるわけではありませんが、だからこそ、できる範囲で生活のペースを落とし、ゆったりとした空間をつくることに意味があるのです。

スローライフを送るヒント

● クローゼットをスローダウンする

プロジェクト333を始めれば、自然にクローゼットをスローダウンすることができます。これまで学んできたことを活用すれば、今後、買い物をする時にはもっと慎重になるでしょうし、毎朝の身支度もゆったりと行えるようになります。

● 朝の時間をスローダウンする

これまでより少しだけ早起きしてみましょう。そうすれば、朝の紅茶やコーヒーをゆったりと味わえます。ただじっと座って、ぼんやりともの思いにふけるのもいいですね。あなたが今、毎朝バタバタとあわただしく過ごしているのなら、前夜のうちに何か用意しておけることはないか、考えてみましょう。

● 食卓をスローダウンする

25

スローダウンするコツ

SLOW

夕食の時間を楽しむよりも、夕食の支度にかける時間のほうが長いのであれば、そろそろ調理にかける時間も減らしてみましょう。そのあとは、好きなテレビ番組を観るためにあわただしく料理をたいらげるのではなく、食事をしっかりと味わい、今日1日を思い返し、食卓を囲む人たちと心を通わせる時間を持ちましょう。

スマホやパソコンと距離を置き、デジタルをスローダウンする

デジタル機器の電源を切りましょう。使用時間に制限を設けるのです。はい、お気持ちはよくわかります。急に距離を置くのは難しいですよね。たしかにインターネットはすばらしい文明の利器ですが、大切なのはあなた自身の人生です。

反応をスローダウンする

物事に過剰な反応をしてしまうのは余裕のなさが一因。一方シンプルな生活を送っていると、物事にいちいち一喜一憂しなくなります。時間を割いて、今自分が考えていることや言葉づかいについて考えてみましょう。不要なストレスがなければ、大げさに反応することもなくなります。

仕事をスローダウンする

私が仕事でスローダウンを意識するようになったのは、セールス担当として多忙な毎日を送っていた頃でした。まず、メールをチェックする回数を減らし、自宅に仕事を持ち帰るのをやめました。それでも、誰にも気づかれることはありませんでしたし、私の生産性が落ちたわけでもありませんでした。

人生には、大忙しで過ごすのもやむをえない時期もありますが、それでも1日のなかで必ずスローダウンを心がける時間はとれるはず。選ぶのは、あなた自身です。あわただしくて、ストレス満載で、周囲の人まで急《せ》かす毎日を送るのか。それとも、ときおり深呼吸をして、微笑んで、自分なりのささやかな時間を持つ生活を送るのか。もちろん、片づかない用事もあるでしょう。それでいいのです。あとで振り返った時に思い出すのは、片づけられなかった「することリスト」ではなく、スローダウンして送った美しい日々なのですから。

26

CONFIDENCE

自信を取り戻すための一歩

かつての私は着ている服で自信を得ようとしていました。われながらイヤになりますが、当時の私は「好印象を与える」ために服を選んでいたのです。自分が本当に着たいと思っている服や、こんなものがふさわしいと思っているアイテムではなく、人から期待されていそうな服、人に感心してもらえそうな服、私の役割にふさわしいと思ってもらえそうな服を優先していました。ところが、プロジェクト333に取り組むようになってから、真の自信は外見からくるものではないことに気づいたのです。

デキる女に見せるためのハイヒール、セクシーだと思われるための新しいワンピース、自信を持ってプレゼンに臨むための新しいジャケット――。そういったものに自信を持ってはなりません。ありのままの自分に自信を持つのです。

「より少ない」服で過ごすようになれば、自然と自信が持てるようになります。今すぐプロジェクト333を始めるだけの自信がまだ持てないという方も、とにかく始めてみましょう。「より少ない」ワードローブの実現に向かって小さな一歩を重ねていくからこそ、自信が生じてくるのですから。

次に紹介する小さな一歩をどれかひとつ、試してみましょう。

自分の弱点を把握する

あなたは1カ月間、毎日違うスカーフを使ってもまだ使いきれない枚数のスカーフを持っていませんか？　山ほどの靴に埋もれていませんか？　私の妹は最初、こう言っていました。「私ならジーンズ1本、Tシャツ1枚、ハンドバッグ31個にするわ！」と。妹には自分の弱点がよくわかっていたのです。そしてつい先日、「お姉ちゃんの本を読んだら、私もついにクローゼットを整理できるかも」と言ってくれました（アリソン、この本を読んでもまだアドバイスが欲しければ、連絡してね！）。

心に刺さるドキュメンタリーを観る

買うものを減らしたり、もっと慎重に買い物をする前に、モチベーションを高めたい。そう思っている方は、ぜひドキュメンタリー映画『ザ・トゥルー・コスト――ファストファッション真の代償』をご覧になってください。あなたが着ている服を製造するために犠牲になっているものの実態を伝える力作です。またNetflixで配信されている『ミニマリズム：本当に大切なもの』には私も少し出演し、ワードローブも紹介しています。

インスタグラムなどのSNSを参考にする

私のインスタグラム（@bemorewithlessと@project333）、また、SNSで#project333を検索すれば、世界各地の人たちの33ワードローブ、日々の着こなし、クローゼットを参考にできます。

プロジェクト333を開始する日を決めてカレンダーに書き込む

カレンダーにプロジェクトを開始する日を書き込んでしまいましょう。不安があれば11（96ページ）を読み返してください。数週間かけてもよいので、ゆっくりと着実に段階を踏み、ワードローブのアイテムを33以下に減らしていきましょう。

繰り返しますが、このプロジェクトの本質はものにあるわけではありません。あなたが所有するものの数でもありません。「より少ない」服で暮らすことで、今の生活の異常さに気づいてほしいのです。ここで紹介した小さな一歩を重ねて、自信を高めてください。そうすればさらに、次のような自信も持てるようになるはずです。

- 少ない服を着まわして生活していても、周囲の人にはまったく気づかれない
- 少ない服を着ていても、以前より幸せ。33アイテムあれば、それで十分
- あらゆる状況や不測の事態に備えておかなくても、べつに何も困らない
- スローダウンして朝の時間をゆったりと楽しめるようになれば、一日中、自信を持って過ごせる

自信についてあれこれアドバイスしてきましたが、こうしたチャレンジに取り組めば、最初からある程度は自信が湧きあがってくるものです。だって多少の不安はあるにせよ、勇気を持って新たなことに挑戦したわけですから。

「こんなことするなんて、イカれてる?」という疑問に、もうあなたは自信を持って答えられるようになっているはずです。

27

TRAVEL

旅の荷物

旅は「より少ない」もので暮らす生活を試す絶好の機会。家具がほとんどないすっきりとしたホテルの部屋に滞在し、自分の所有物から遠く離れたところで過ごしていると、大量のものなど必要ないことが実感できるものです。それどころか、ものに気を散らさないでいれば、気持ちが解放され、もっと自由になれるうえ、「今、ここ」に意識を向けられるようになります。

かつては私も必要以上の荷物を抱えて旅に出ていました。たった1泊2日の旅に、キャリーバッグと、トートバッグなどの大きめのカバンを肩にかけ、重い荷物を運んでいたものです。2泊以上の旅に出かけるともなれば、持てるだけのバッグをかついで出かけました。ところがスウェーデンへの旅の途中でスーツケースをひとつ、紛失してしまったのです。旅行自体は楽しかったのですが、失くしたスーツケースのことが気になって仕方ありませんでした。結局、スーツケースの行方を追跡するのに貴重な時間を無駄にしましたし、いくつか日用品も購入せざるをえませんでした。何が足りないのか、何を失くしたのか、大切な持ち物がいつ手元に戻ってくるのかと悶々として、気が休まりませんでした。そしてもちろん、紛失したスーツケースに重要なものなどひとつも入っていませんでした。今となっては何が入っていたかひとつも思い出せません。

数年前、私は試しに「より少ない」もので旅に出てみました。1泊旅行にはノートパソコンが入るくらいのバッグだけ。それより長い週末旅行には小さなバックパックだけ。気候が異なる複数の国を1カ月ほどかけて巡る旅には、小ぶりのキャリーバッグだけ。

こうして、いわば実験を重ねて、海外旅行でも手荷物しか持たなくなりました。

私自身が1泊か2泊の出張に出かける時には、次のような荷物を持っていきます（気候にもよりますが）。出発時には黒のTシャツ、ジーンズまたはレギンス、ブレザーを着て、フラットシューズを履きます。そしてパソコンバッグかワークバッグに次のものを入れます。

- パソコン、充電器
- 携帯電話、充電器
- 手帳
- 身分証、クレジットカード、保険証

耳栓
ペン
小さな化粧ポーチ
ヘアブラシ
ワンピース

替えのシャツ
スリープウェア（シャツ）
下着
サングラス

少ない荷物で空港の保安検査の列を身軽に進んでいくのはなかなか気分がいいものです。タクシーや公共交通機関を利用する時にも、荷物が少なければ乗り降りが楽ですし、紛失した荷物を追跡する必要もありません。シンプルな旅を続けていけば旅そのものを楽しめ、フットワークを軽くすることもできるのです。

パッキング

旅行に付き物のストレスのひとつ、それがパッキング。私も以前はパッキングが苦手でした。ですからなんでもかんでもカバンに詰め込み、パッキングのストレスを減らそうとしていました。そして少しでもスペースが残っていれば宝くじに当たったような気分になりました。だってスペースがあるのなら、もっとものを詰め込めるわけですから。

そこで、あちこち見てまわりました。あれも必要になるかも、これも必要になるかも……万が一ってこともあるわよね。

でも、メキシコに6日ほどの旅に出かけた時のこと。カバンに5足、靴を詰め込んだのに、結局、履いていったフラットサンダルをそのまま履いて帰ってきたのです。

今は荷物はすべて小ぶりのキャリーバッグに収めます。あとはトートバッグがあれば十分。時にはトートバッグさえ持っていかないことも。それで数日から数週間、旅を続けられるのです。

私は世界各地を旅で巡るのが大好きです。そして「より少ない」もので暮らす生活を送るうちに、「より少ない」荷物での旅のヒントも得られるようになりました。

あなたも旅行が大好きなら、私が発案した次の「ミニマリストのパッキング術」を参考にしてください。

1 日程の半分の荷物を用意する

1週間の旅に出る予定なら、3～4日の旅に必要なものを考えてください。同じ服を何度か着たって、へっちゃら。日常生活でも、あなたが着ている服に目を光らせている人などまずいませんよね。旅先ではなおのこと。

2
パッキングのリストをつくる

旅に出る前に、持ってきた荷物のリストをつくっておきましょう。そして旅先で実際に使用したら、そのアイテムに印をつけます。旅の終わりにチェックが入っていないアイテムは、次回、似たような日程の旅に出る時には持参する必要がないことがわかります。このリストに旅先と時季を書いておけば、必要なものが正確にわかります。

3
旅先で洗濯できるかどうか確認しておく

宿泊予定の施設に洗濯機はあるでしょうか？　私は同じ場所に2～3日以上滞在する場合、Airbnb（エアービーアンドビー）で民泊情報を調べてアパートを借りることにしています。そうすれば、洗濯機がありますから。ホテルによってはゲスト用の洗濯室やコインランドリーが併設されているところも多いですし、最低でも、バスルームのシンクで洗って吊り干しができますよね。

4
服のたたみ方のコツを把握する

これまでパッキングの際に、服をたたんで丸める、たたんで上に重ねていくなど、あれこれ試してきましたが、どの方法でもスペースの余裕にたいして変わりはありませんでした。“How to Pack”（『パッキング術』、未訳）の著者ヒッタ・パレプゥは「ボトムスはたたんで丸め、トップスはたたんで重ねています。そうすると服に皺が寄りにくく、バッグにも収まりやすいからです」と述べています。

自分にとって最適な方法を知るには、試してみるしかありません。どんなやり方が好みか、自分で確認してください。

5 旅の定番服を決める

旅の定番服を決めましょう。そうすれば移動手段や旅先にかかわらず、同じ服を着ていけばいいのですから。私はたいてい黒のレギンス、半袖シャツかタンクトップ、黒のジップアップスウェットかブレザー、そしてスカーフという格好で出かけます（スカーフはトートバッグに入れておくこともあります）。スカーフは必ず持参！　旅先は暑くても、機内で風邪をひかないように。

6 「万が一」の出来事は「起こらない」ことを忘れずに

もしかしたら必要になるかも。そう思って何かをスーツケースに入れそうになったらストップ！　よく理由を考えて。本当に必要？　それとも（かつての私のように）スーツケースのスペースを埋めなきゃと思っているだけ？　本当に必要になったら旅先で入手できるんじゃない？　これを持参しないからといって、どんな最悪のことが起こるの？

7 旅に出るうえで大切なことを忘れない

何を着ようか、何を荷物に詰めようか。そんなことばかり考えていると大切なことを見失ってしまいます。あなたは旅先で人々との触れ合いや見知らぬ土地の散策を存分に楽しみたいはず。そして何より、「自分」を忘れないで。旅の間は何よりもご自身を大切に。

いったん33ワードローブをつくってしまえば、パッキングはとても楽になります。何しろ、手持ちのワードローブを全部、キャリーバッグに詰め込むことだってできるのですから！　けれど、そんな大荷物を抱えて旅に出かけたいとは、あなたはもう夢にも思わなくなるでしょう。

28

朝のルーティンをつくる

MORNINGS

プロジェクト333を始めて最初に気づいたのは、朝が楽になったことでした。身支度に気を取られなくなれば1日をスムーズに始められ、その日1日気分よく過ごせる確率が高くなります。そして、1日の始め方をもっと意識するようになれば、あなたの内側でも外側でも変化が起こります。私はこれを「朝のルーティン効果」と呼んでいます。毎朝、何かルーティンを決めると、次のような効果が期待できます。

集中力

1日の初めにゆっくりと落ち着いた時間をとれば、バタバタせずに集中した状態で1日を過ごせるようになります。私の場合、朝の日課に瞑想を取り入れています。1日のなかで気が散りそうになった時にも、瞑想をするとすばやく集中力を取り戻せます。

創造性

1日を通じて創造性を発揮できるようになるだけではなく、朝の日課で心と頭をオープンにすれば、独創的なアイディアが空から降りてくるような体験ができます。私の書籍やブログの内容の大半は、朝、ヨガをしているマットの上でひらめいたものです。

忍耐力

「朝のルーティン効果」のなかでもとりわけありがたいのは、いちいちカッとしなくなり、穏やかに反応できるようになること。一呼吸置いて言葉を選んでから話せるようになりますし、自分の考えがすべて正しいわけではないと謙虚な気持ちにもなれます。

優先順位

朝の日課を続けていると、自分にとって大切なことがわかってきます。また、自分にとって大切ではないこともわかってきます。この「大切ではないこと」を自覚するのもまた重要です。わかってきたことを、あなたの1日、あなたの人生で活用しましょう。

● 活力

有意義な朝の日課は、その内容に応じて、心、魂、身体、脳を活性化します。朝の日課を終えたあとにヘルシーな朝食をとれば、食べ物から活力を得ることもできます。

● つながり

朝の日課を通じて「本当の自分」とつながる道がひらけます。自分の心とつながりを持てれば、あなたと一緒にいるべき人たちともつながれるようになります。

● 光

朝の日課を続けていると、世界の見方や感じ方が明るく照らし出されるような感覚を覚えるはずです。早朝に日課を行えば、日の出も見られます。日の出の陽光とともに1日を始めるだなんて、どこか神秘的な感じがしますよね。

朝の日課の始め方

33ワードローブをつくったら、次のステップを踏んで朝の日課を始めましょう。

1
「朝は苦手」と言わない
はい、お気持ちはよくわかります。でも、とにかく起きたらすぐに朝のルーティンを始めましょう。起きたらお昼過ぎだった場合も、すぐに日課を始めます。

2
感謝する
起きたらすぐに、感謝していることを3つ書き出しましょう。何も思いつかなければ、昨日思わずにっこり笑ってしまったこと、起きて最初に頭に浮かんだ人のこと、大笑いした最近の出来事などを思い出しましょう。

3
ベッドでストレッチをする
足の指を動かす、腰を左右に振る、天井に向かって両手を伸ばす。肺を大きく開くつもりで、何度か深呼吸しましょう。

4
携帯電話を隠す
朝の日課を楽しめるようになるまでは、スマホやパソコンなどに触れないこと。そうすれば、メールやSNSをチェックしたいという誘惑に負けることもありません。

5 朝の日課（ルーティン）のリストをつくる

目覚めた直後に面倒な考え事をせずにすむように、朝のルーティンのリストを作成しておきましょう。毎朝、したいことをリストに書き出し、その日の気分によって2つか3つ選んで実行しましょう。

6 「朝にはしないこと」リストもつくる

「したくないこと」あるいは「したいことの邪魔をしているもの」をはっきりさせれば、心から望んでいる朝の過ごし方がわかってきます。朝の貴重な時間に絶対に侵入させたくないもののリストをつくりましょう。

例

- 私はSNSをチェックする前に、ストレッチと瞑想をして本を10ページ読みます
- 私はメールをチェックする前に、1日の計画を立てます

7 紙とペンをベッドのそばに置いておく

日記をつけると心配事や悩みを紙の上に移動させることができます。すると問題を克服したり、心を曇らせていた余計な不安を解放させたりできるようになります。

8
友人を誘い、成果を確認し合う

友人を誘い、10日間朝の日課を続けてみましょう。日課を終えたらお互いに「完了」というシンプルなメッセージを送りましょう。

9
音楽をかける

静かなBGMで、朝のルーティンに集中しやすくなります。5分間のプレイリストをつくり、プレイリストが終わるまで日課を続けます。その後は毎週、プレイリストも日課も1、2分ずつ、長くしていきましょう。

10
日課に「参加」する

朝は何もしたくない。そう思っても、最初の1週間は日課に時間を割き、日課に「参加」しましょう。5分間ヨガマットの上に座っているだけでもOK。

33ワードローブをつくれば、朝、時間に余裕ができ、大切なことをする日課を設けることができます。それだけでもあなたの人生は大きく変わりますから、ぜひ試してください。

29

CHILDREN

子どもの服のこと

プロジェクト333には、子どもも取り組むべきでしょうか？　もちろん！　まだお子さんが幼くて自分では服を選べなくても、試してみる価値はあります——あなたのために。子どもの服の数が減れば着替えも楽になりますし、保管する数の服が減れば、あなたのストレスも減るからです。

子育てにはただでさえストレスがいっぱい。とくに変わったことなどなくたって、日常生活を送るだけで大変です。ですから、ぜひ服の数を減らしてみてください。ただし、大人にも個人差があるように、子どもによってふさわしい服の数は違ってくるでしょう。33アイテムでちょうどいいという子もいれば、それじゃ足りないという子もいます。まずは試してみて、最適な数を探していきましょう。かえって親のストレスが増えるようなら、それは適切な数ではありません。

友人や親戚がお子さんに可愛らしい服をプレゼントしてくれたり、お下がりをくれることもよくあります。でもあなた自身、「これ以上、子ども服はいらない」と思っているのなら、プロジェクト333のことをさりげなく話題にして、自分もわが子も少ない数の服で暮らしたいと思っていると伝えましょう。

また、お子さんが十分に大きくなっていて、毎日、着る服を自分で決められるのであれば、このプロジェクトの説明をして、一緒に服を選んでみましょう。毎日、自分の好きな服を着られるのはとても素敵なことなのよ、とひと言添えるのもお忘れなく。

私がプロジェクト333を始めた時、うちの娘はまだティーンエイジャーで、服の数を減らすことにまったく関心を示しませんでした。ところがその数年後、娘は33アイテム以下の服で1年と4カ月もの間、海外で暮らしたり旅をしたりしたのです。こうしてものより体験を優先した結果、娘は大きく生き方を変え、実に力強く生きるようになりました。

とはいえ、私自身は幼いわが子とプロジェクト333に挑戦した経験がないので、simpleadventure.ca.（シンプルアドベンチャー・ドット・ｃａ）のクレア・デヴリンからアドバイスをいただきました。クレアはライターで、お嬢さんたちのために次のようなワードローブをつくりました。

子ども一人分のプロジェクト３３３ワードローブ

- Tシャツ×5
- 長袖シャツ×3
- 薄手のカーディガン×2
- 厚手のセーター×3
- ボトムス（ショートパンツ、ロングパンツ）×6
- ワンピース（もしくは遊び着の替え）×2
- お出かけ用のワンピース（もしくはお呼ばれ用などの特別な服）×2
- ジャケット×1
- 靴（スニーカー、サンダル、お出かけ用の靴、長靴）×4
- 帽子×1
- サングラス×1
- ウォータープルーフのパンツ×1
- 水着×1
- バックパック×1

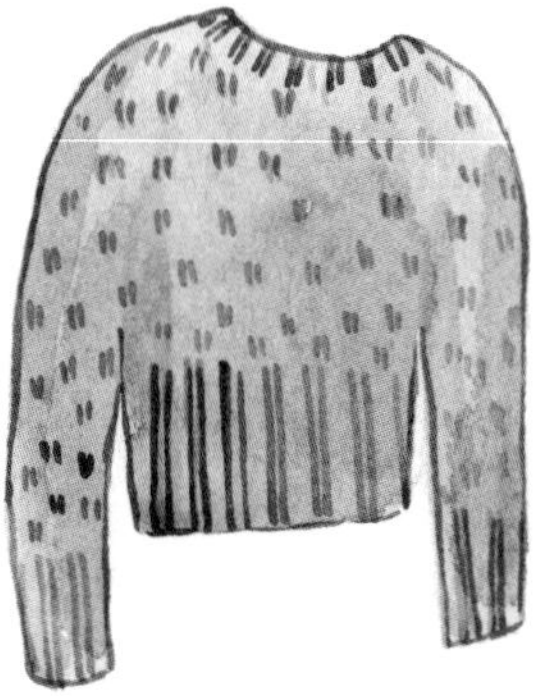

29

子どもの服のこと

CHILDREN

クレアはこう言っています。

「子ども用の33ワードローブの考え方は大人の場合とは違うところがあります。たとえば、流行やスタイリングについてはそれほど気にせずに済みますし、ここだけは一点豪華主義で！　なんてことを考える必要もありません。大切なのは、サイズが合っているか、そして洗濯が簡単かどうかです」

お子さんの333ワードローブをつくるために彼女が発案したコツは、次のとおりです。

洗濯のスケジュールを立てる

33アイテムでは足りないんじゃない？　そう心配している方は、まず洗濯のスケジュールを立ててください。たとえば、洗濯をするのが週に1回なら、少なくとも1週間分の服が必要です。33のアイテムがあれば、昼間のうちにもう一度着替えるとしても1週間は乗り切れるはず。洗濯の回数が週に2回なら、もっと少ないアイテムでやっていけますし、選べる服の数も増えます！

着まわしのきくトップスとボトムスを選ぶ

服をもう少し減らしたいと思っているなら、組み合わせやすい服を残しておくことをお勧めします。ジーンズやカーキ色のパンツなら、何色のトップスでも合います。すべてのトップスとボトムスの組み合わせがきくようにしておけば、ぱっと手にとった服ですぐに着替えができるようになります。「自分で着替える！」と言い張る子の場合もこれなら安心。お子さんがどんなトップスとボトムスを選んでも、うまくいきます。

オフシーズンのアイテムを収納する

すべての服をクローゼットやチェストに押し込むのはやめましょう。今の季節の服だけを出しておき、オフシーズンの服はすべて衣装ケースなどに収納し、ラベルを貼っておきます。わが家では子どもたちのクローゼットの最上段に大きな容器を置き、そこにオフシーズンの服を収納していました。もう少し大きくなったら着られる服も入れておきました。衣替えは年に2回、春夏物と秋冬物を入れ替えれば十分です。

着られなくなった服は譲る

私は、子どもが着られなくなった服はどなたかにすぐ譲ることにしています。「ひょっとすると、いつか」のために保管しておくより、今必要としている方に使っていただくほうがいいからです。衣替えのタイミングで手放すといいでしょう。

クローゼットをシンプルにする

わが家では、子どもの服はチェストではなく箱に入れています。子ども1人につき、トップス（Tシャツ、カーディガン、セーター）用に1箱、ボトムス（ショートパンツ、ロングパンツ、ワンピース）用に1箱、下着（靴下や水着も含む）用に1箱、そしてパジャマ用に1箱です。服はたたんだり吊るしたりするのではなく、洗濯を終えたらそれぞれの箱に振り分けて入れるだけ。こうしておけば洗濯した服をすぐしまえますし、朝、簡単に服が見つかります。私が箱を床に置くと、洗ってきれいになった服を子どもたちが自分で箱に入れてくれるんです！

大人でも活用できるアイディアですね！　お子さんと一緒にプロジェクト333を試してみたいのであれば、ぜひ、ご参考に。ただし、ティーンエイジャー、またはまだよちよち歩きのお子さんに無理強いするのは、誰のためにもなりません。あなたとご家族にとって最適の方法を試して、調整を加えていきましょう。

30

CONTAGIOUS

あらゆるところをシンプルに

おかげさまで、生活のあらゆる面が少しずつ変わってきています。それが、とても気持ちいいんです。

——プロジェクト333に寄せられた体験談から

この方の体験談が、本項のすべてを言いあらわしています。プロジェクト333はクローゼットをシンプルにするだけではありません。その効果は生活全般に少しずつ及んでいって、周囲の人の生活まで変えてしまうかもしれないのです。

私の場合も「より少ない服での暮らし」で学んだことがきっかけとなり、「より少ないものでの暮らし」へと発展していきました。「より少ない」という考え方はクローゼットだけではなく、キッチン、リビングルーム、ガレージなど、あらゆる場所に広がっていったのです。33以下のアイテムで乗り切れただけではなく、豊かに暮らせたおかげで、自宅や人生のあらゆる場面で不要なものを手放す自信が持てました。
「より少ない」服での生活にチャレンジすると、ものとの関係を見なおすことになります。「足る」とはどういう意味なのか、自分を本当に幸せにできるものは何かを、真剣に考えるようにもなります。

このささやかなファッションの試みは、服やハンガーの数だけにとどまりません。自分にとって大切なもので満ちている人生を歩んでいくためのスペース、時間、自信、明晰な思考を生み出していくものなのです。

シンプルなクローゼットはシンプルな生活へといざなう

クローゼットという日常生活を送るうえで欠かせない自宅の一部をシンプルにするだけでさまざまな効果があることを実感すると、ほかの場所もシンプルにしたらどうなるだろうと、がぜん、好奇心が湧いてきます。

クローゼットに33のアイテムがあれば十分やっていけることがわかれば、次から次へとアイディアが浮かんできます。木製のスプーン、泡立て器、鍋、フライパンの数を減らせば、キッチンの使い勝手がよくなるかもしれない……と、夢がふくらむのです。誰にでも好みがありますし、いつもの習慣もありますから、つい同じ服を何度も着たり、同じ調理器具を繰り返し使ったりするものです。だからこそ、不要なものを手放せば、暮らしやすい幸せな家、穏やかな心がもたらされるのです。家のなかがすっきりと片づいて、日々の生活が穏やかになり、以前より幸福になるのは、誰にとってもいいことですよね。

オンラインメディア「Motherly」の記事では、部屋が散らかっていると不安がつのるおそれがあると、複数の研究結果を例に挙げて説明しています。

「部屋が散らかっていると、ストレスホルモンとして悪名高いコルチゾールが分泌される可能性がある。すると緊張と不安が高まり、不健康な習慣を身に付けやすくなる」。

こんな場面を想像してください。あなたは忙しい1日を終え、ヘトヘトになって自宅に戻ってくる。ところが電話がうるさく鳴り続け、洗濯カゴからは洗濯物があふれていて、キッチンのテーブルは子どもたちが広げた学校のプリントや何かでいっぱい……想像するだけで気が滅入りますよね。デジタルの世界も現実の世界も、ガラクタだらけ。そのふたつの世界を行き来しているだけでも疲れるのに、さらに自宅にものがあふれていれば、ぐったりするのも当然です。

33ワードローブを実践したら、すっきりと気持ちよく生活できるようになった。この実感をモチベーションにして、今度は日々の生活や自宅からガラクタを減らしていきましょう。「あそこのものを減らしてみようかな」と思いついたら、すぐに行動を起こして、毎日少しずつ前進を。私自身、少しずつ努力を重ねたおかげで生活全般をシンプルにできましたし、多大なストレスをやわらげることができました。
そこで、私が体験した大きな変化と、その変化を起こすまでに踏んだ小さなステップを紹介します。

【大きな変化】 食生活の改善
【プロセス】 6カ月かけて、肉食を完全にやめた。そのあとも、いろいろと食生活の改善を重ねている。私の身体は常に変化しているので、これからも試行錯誤を重ねていくつもり
【実現までのステップ】

- 食べ物に関する本や多発性硬化症に関する本を読む
- 牛肉を食べるのをやめる
- 豚肉を食べるのをやめる
- 鶏肉を食べるのをやめる
- 魚介類を食べるのをやめる

- 菜食主義に関する本を読んで、モチベーションを高める
- 地元の農場に足を運び、豚や牛を眺めて、肉を食べたくなくなるようにした
- 緑黄色野菜の量を増やした
- 体調チェックの継続
- 乳製品も食べないヴィーガンの食事や、野菜の加熱調理もしないローヴィーガンの食事を試す
- 緑黄色野菜の量をまた増やす
- 砂糖、アルコール類、穀物、豆類、乳製品などを30日間断つWHOLE30ダイエットを試す
- 魚介類を再び食べ始める
- 山ほど食べていた加工食品を断つ
- パンとパスタをほとんど食べない
- このまま体調チェックを継続

【大きな変化】数千ドルあった借金の完済（……本当はその10倍ほどありました）
【プロセス】3年半かけて完済
【実現までのステップ】

- 夫と冷静に話し合う
- 「こんなことするなんて、イカれてる？」という自問を始める
- ラジオでファイナンシャル・アドバイザーの話を聞く
- 急な出費に備えて、1000ドル貯金する（一気に貯めたわけではありません）
- 家計の予算を立てて、出費は1ドル単位まで記録に残す
- 少しでもお金が浮いたら、少額の借金返済にあてる
- 罪の意識を手放す。もうすでに、さんざん苦しんできた
- あらゆる誘惑に「ノー」と言う。何度も、何度も
- 家計の予算を立て、冷静な話し合いを重ね、少しでもお金が浮いたら借金返済にあてる
- 1枚目のクレジットカード、1台目の車、2枚目のクレジットカード、ローン、
- 2台目の車、学生ローンを完済するたびに、お祝いをする

【大きな変化】家族のものを9割ほど処分
【プロセス】3年かけて、家のものの大半を処分
【実現までのステップ】

- 大事にしていないものをいくつか、箱に収める
- ガラクタを処分。まずは、簡単に踏ん切りがつくもの（重複しているもの、写真を飾っていない写真立て、履くと足が痛くなる靴など）から処分
- ちょっと努力すればスペースをつくれることを実感
- 少し気持ちが軽くなる
- ガラクタを処分。今度はそれほど簡単には踏ん切りがつかないもの（大枚はたいて買った服、一度も使ったことがない小型家電、装飾品、家具）も処分
- またもやスペースが増えたことを実感
- またもや気持ちが軽くなる
- 今度は、普段目につかないところにあるガラクタ（ガレージや物置に置いてある箱、高い棚の上やベッド下に押し込んであるもの）を処分
- 50ドル以上の価値があるものは売る。それ未満のものは寄付などをして処分

- 今度はさらにハードルが高いもの（本や思い出の品）を処分する。全部ではないけれど、大半を処分
- 家のあちこちがすっきりしたことを実感。そしてついに、家そのものを手放すことを決意

【大きな変化】延床面積約185平米の一戸建てから、約70平米のアパートへと引っ越した

【プロセス】2012年10月、自宅の売却について真剣に話し合う。2013年3月、自宅を売りに出す。2013年5月、アパートに引っ越す

【実現までのステップ】

- 夫に「この家を売って、ほかのところに住むなんて、イカれてると思う？」と尋ねる
- この案のいいところと悪いところを話し合う
- 2012年12月、不動産業者と会う
- カーペット張り替えを業者に依頼
- 室内の壁は自分たちで塗り替える（でも、やっぱり業者に依頼すべきでした）

● 内覧客の来訪があるたびに、必ず猫と犬を別のところに連れていった（ふう、そういえば、いつもてんやわんやでした……）

● 自分たちにとって何が一番大切かを話し合った結果、「不動産市場が盛り返す」のを待たずに、自宅を売りに出すことにする。私たちの決断はお金には左右されなかった。どんな人生を送りたいのかという、もっと重要な問題を最優先にした

● 約70平米のアパートに、夫、娘、大型犬1頭、猫2匹と引っ越す

● その1カ月後、アパートの屋上にある共用テラスで遠くの山並みを眺めながら、娘の高校卒業のお祝いをする

● ある日曜日、夫が「今日、ぼくがしないことを当ててごらん。もう落ち葉の掃除も、芝刈りも、屋根の修理も、お隣さんとのフェンス交換の交渉も、なんにもしなくてていいんだよ」と言う。それを聞いて、ああ私たちは正しい決断をしたのだなと実感する。そして私たちは、心置きなくハイキングに出かける

シンプルな暮らしは、家のなかで部屋から部屋へと広がっていくだけではありません。ほかの人たちにも広がっていく場合もあるのです。ですが、私のこれまでの経験から言

うと、家族を無理やり乗り気にさせようとしてもうまくいきません。でも、あなたが実際にシンプルな暮らしを送っている姿を見せているうちに、家族にもその真意が伝わるはずです。

ワードローブの33アイテムを選ぶ時にも、家のなかにある処分すべきものを選ぶ時にも、小さなステップを重ねていくことが大切です。ものを手放し、選ぶ対象となるものの数も減らしていく……ひとつひとつのステップには、あなたの想像以上に重い意味があるはずです。

31

LESS

「より少ない」で起こること

生活のあらゆる場面で「より少ない」を実践していったところ、実際には「もっと」豊かな生活を送れるようになりました。「より少ない」生活は何かを犠牲にすることではなく、一番大切なものを発見する旅になったのです。

「より少ない」生活を送ると、次のような「もっと」豊かな生活を送れるようになることをお約束します。

- ものが減ると、スペースが増え、愛が深まり、絆が強まる
- 「より少ない」服で暮らしていると、時間、お金、クリアな思考が手に入る
- 「すること」を減らせば、生産性があがり、創造性も発揮できる
- バタバタの毎日から脱却すると、日々をゆったりと過ごせるようになる
- 心配事が減ると、心が安らかになり、よく眠れるようになる

- イヤなこと、したくないことに「イエス」と言う回数を減らせば、愛する人たちと過ごす時間が増える
- デジタル機器の電源を切る時間を増やせば、自分と向き合い、心の声に耳を傾けられる
- 物事に一喜一憂しなくなれば、心が安らぎ、穏やかになる

少ないものや服で暮らしていると、意外な成果を実感することがあります。私の場合、お金が節約できること、スペースが増えることは予想していましたが、ほかにも次のような成果を得られました。

人にやさしくできる

時間に余裕ができれば、相手を褒めたり、相手の話をじっくりと聞いたり、もっと笑顔を見せたりする心の余裕も生まれます。少ないものや服で暮らしていると、人にやさしくなれるのです。

● 静けさを好むようになる

プレッシャーの多い生活を送っていると、ストレスやスピードを抜きにしては充実した人生を送れないような気がしてきます。けれど、そうした生活から距離を置くと、静寂と一人の時間の価値がわかるようになります。

● 健康的なライフスタイルを手に入れられる

シンプルな生活を送りましょう。すると、身体に注意を払う時間の余裕が生まれます。

● 自分のペースで買い物ができるようになる

物欲がなくなれば、本当に必要なものだけを自分のペースで買えるようになります。そうなれば、街にどんな素敵な広告があろうと、画面にポップアップ広告が出てこようと、クーポンやセールやポイント還元があろうと、どうでもいい情報に踊らされて買い物をすることがなくなります。

● シンプルってセクシー！

ミニマリズムには「すべてのものを抜きにした自分こそが、本当の自分」という考え方があります。「身にまとっていた不要な服を1枚ずつ脱いでいけば、本物の私と対面できる。そして、本物の私を知ってもらえる」のです。これって、セクシーですよね。

不安定なこと、先行きがわからないことを受け入れられるようになる

少ないもので暮らしていると、ストレス、もの、心配事に押しつぶされなくなり、変化に対応できるようになります。すると、人生とはそもそも不確かなものだということがわかってくるのです。シンプルな生活へと移行すれば、軌道修正も優雅にこなせるようになるはずです。

みなさんのなかには（私のように）少しずつ変化を起こし、何年もかけてシンプルな生活へと移行する方もいるでしょう。その途中で、「より少ない」生活の効果をいろいろと実感するはずです。

「より少ない」生活は、真に豊かな人生へと導いてくれるのです。

32

LOVE

心から愛するものを知る

私の最初の著書やブログ（bemorewithless.com）を読まれたことがある方は、この本に「愛」に関する項があっても意外ではないでしょう。

クローゼットをすっきりさせてシンプルな生活を心がけるのは、室内を整然とさせることだけが目的ではありません。心の平安、ゆったりとした毎日、そして何より大切な愛情を尊重したいからこそ、シンプルな生活を続けていけるのです。最初に着手したのがクローゼットであろうとキッチンの棚であろうと、キャリアであろうとスケジュールであろうと、愛する人、愛することのために、もっと時間と気持ちの余裕をつくり出したくなるのです。日々の生活で、もっと愛情に向ける心の余裕を持ちたい。そのためにはものを減らし、忙《せわ》しさ、借金、ストレスを減らすしかありません。

かつての私はショッピングと服と靴が大好きで、とりわけキラキラと光るものに目がないタイプでした。というより、自分はそういうタイプだと思い込んでいたのかもしれません。当時の私には自分が心から愛するものが、本当のところわかっていなかったのです。もしかすると今のあなたもそうかもしれません。その理由は、あなたの意識の大半がクローゼットのなかのものに向いていて、それを愛情と勘違いしているせいではないでしょうか。

靴や服のことを考えるのが楽しいというその気持ちはよくわかります。でもそれは、あなたの心の奥底から湧きあがる愛情ではありません。胸を焦がすような、天地がひっくり返るような、目がくらむほどの愛ではないのです。

ここで、よく考えてみてください。あなたが心から愛しているものはなんですか？どんなことをしていると、胸が高鳴りますか？「やっぱり、○○がしたい」と思うことはなんですか？「やっぱり、○○にいたい」と思う場所はどこですか？心から関心を寄せていること、興味津々なものはなんですか？

自分が心から愛しているものを知りたければ、次のステップを踏んでみましょう。

「これって愛？」と問いかける

「もの」が愛情の邪魔をしていることが、当初は私にも理解できていませんでした。ガラクタの山、借金、忙しさのせいで愛情あふれる毎日を送れなくなっている。その因果関係がわかっていなかったのです。でも、余計なものがなくなると、愛するものについて考える心の余裕が生まれます。そして借金を完済すると、愛するものについてもっと自由に考えられるようになります。そしてついに忙しい毎日から卒業すると、「今」という瞬間をいつくしみ、自分の人生を生きられるようになるのです。

とはいえ私自身、ものがどれほど人生に悪影響を及ぼしているのかを一夜にして把握できたわけではありません。その事実に気づくまでには何年もかかりました。ですから、シンプルな生活への第一歩を踏み出したばかりの方は、今度何か買い物をしたり、頼まれた用事を引き受けたりする前にこう心に聞いてみてください。

「これって、愛？」

これは私の人生を愛あるものにするうえで役に立つ？　私が愛する人、愛する仕事、心から大切に思っていることのためになる？　自分が心から大切に思える暮らしを送るうえで、もっと愛情あふれる人間になるうえで、役に立つ？　これを買ったら、このイベントに出かけたら、この約束を果たしたら、私の人生が価値あるものになる？　それとも、一時的に痛みを忘れるだけ？　そして、おりにふれてまたこう自問してください。

「これって、愛？」と。

32

心から愛するものを知る

LOVE

愛を見つける。周囲をよく見て、大好きなものを見つけたら、声に出して叫ぶ

琴線《きんせん》に触れる本を読んだら、「これ、大好き！」と言いましょう。誰かが本心を吐露《とろ》していたら、「それ、愛だよね！」と言いましょう。山の頂《いただき》、日の出、地面から若木が顔を出しているところを目にしたら、「愛、見っけ！」と言いましょう。

ふと何かに気づき、それに愛を表明するたびに、日々の生活にいっそう愛するものを見つけられるようになるからです。

シンプルな生活とは、愛情に戻る道筋です。ものを減らし、手放すにつれ、愛するものに注意を向ける気力が持てるようになります。

実際に33以下の服で暮らしてきた方たちからの感想をうかがったところ、実に興味深い事実がわかってきました。結局のところ、このプロジェクトが大きな影響を及ぼしたのは、ファッションや服ではなかったのです。その方の健康、幸福、そして心のあり方が大きく変化していたのです。日々の生活を改善し、本当の自分、本当に自分が望んでいることについて考えるきっかけとなるものがそうであるように……このプロジェクト自体も、やはり愛なのです。

33

#PROJECT333

プロジェクト333のコミュニティがなければ、また、みなさんからの喜びの声、関心、支援、励ましがなければ、この本は存在していなかったでしょう。

このプロジェクトを開始し、その体験談をブログでシェアするようになってから数年後、私は友人であるfoodiecrush.comのハイディに、もう何もかも放り出してしまいたいとこぼしたことがありました。するとぴしゃりとこう言われたのです。

「愚痴はやめて。プロジェクト333のおかげで、みんな、ネットであなたとつながったんでしょ。あなたの体験談を知り、シンプルな生活について学び、人生を変えてきた人たちが実際にたくさんいるのよ」と。

彼女の言うとおりでした。この時の会話をきっかけに、私はまたプロジェクト333について執筆するようになり、体験談をシェアするようになりました。そしてワードローブを荷物に詰め、講演で各地を巡り、ついに本書の執筆を始めたのです。ですからもう決して、何もかも投げ出したいなどと思ったりすることはありません。だってこのプロジェクトのおかげで、みなさんとつながることができたのですから。

この本をきっかけにしてシンプルな生活を送るようになる方もいるでしょう。プロジェクト333が存在しなければ、あなたと私の道が交差することはなかったのかもしれません。ですから私としては、感謝を込めてこう申しあげたいと思います。

「ようこそプロジェクト333のコミュニティへ。あなたをお迎えできて光栄です」と。

プロジェクト333は、クローゼットに関する私の個人的な試みとして始まりました。それが今では世界各地にコミュニティが誕生し、「より少ない」服やもので生活するムーブメントが起こっています。とはいえ、これがたんに服やファッションに関する試みなら、一時的な流行で終わっていたでしょう。クローゼットのスペース以上のものを生み出しているからこそ、このチャレンジは今も拡がり、成長を続けているのです。

本書を最後まで読んでくださったみなさんの勇気と好奇心に、心から感謝を申しあげます。どうかプロジェクト333があなたのクローゼットを変えますように。

そして、あなたがお望みなら、人生をも大きく変えられますように。

愛をこめて。コートニー

謝辞

本を執筆する作業のなかで、私はとりわけ謝辞を書くのが好きです。というのも、これまでの人生で出会ったさまざまな方たちへの感謝の念が湧きあがってくるからです。

私と価値観を共有する「#project333」のコミュニティのみなさんに心からの感謝を。みなさんのおかげでこのプロジェクトは大勢の方に知っていただけるようになりましたし、一時的な流行ではなく、ひとつのムーブメントとなりました。

ありがとう、私の大好きな出版エージェント、ウェンディ・シャーマン。私のアイディアに対して、あなたは賛成するか、質問をするか、違う視点から考えてみたらと言うだけ。決して却下しない。あなたは私を成長させてくれます。

ありがとう、セアラ・カーダー。あなたが、ジュリア・キャメロンの『ずっとやりたかったことを、やりなさい。』の編集者だと知った瞬間、この人と仕事をしたいと思いました。だってあの本を読んだおかげで、私の人生と仕事には大きな変化が起こったのですから。あなたが興味を持ち、真剣に取り組んでくださったこと、そして私がニューヨークに滞在している時にはいつも時間を割いてくださったことに感謝します。

ターチャーペリジーのチーム、ありがとう。リンジー、アリッサ、セアラ、ケイシー、レイチェル、そして校正のみなさんのおかげで、とっ散らかった文章をどうにかまとめることができました。

映画『ミニマリズム：本当に大切なもの』で私とプロジェクト333を取りあげてくださったジョシュア・フィールズ・ミルバーン、ライアン・ニコデモス、マット・ダヴェラに感謝します。ソルトレイクシティのビッグ・コットンウッド・キャニオンと私のクローゼットで一緒に過ごした時間のなんと楽しかったことでしょう。

ブレット、カール、マイク、テイタム・マイク、マーク、エンジェル、私と一緒にアイディアを練り、私を支え、私と一緒に笑い、創造してくださって、ありがとう。

マーク、私の突拍子もないアイディアを真剣に受けとめ、いつだって私に執筆と創造と癒しのスペースを与えてくれて、ありがとう。あなたが連れていってくれたスキーやハイキングの美しい場所のすべてに感謝。

ベイリー、ありのままのあなたでいてくれて、ありがとう。あなたは私のよきもののすべてです。ブログ（beautifuldetour.com）やインスタグラム（@beautifuldetour）で思いをシェアしてくれてありがとう。あなたの年頃だった頃、私には自分の考えなどなかったから、あなたが自分の思いをそれは美しくシェアしているのを見ると感嘆するしかありません。それに、あなたと一緒に仕事ができてとても感謝しています。あなたはいつだって最愛の娘です。

そして、私の家族になってくれた友だち、私の友だちになってくれた家族に感謝します。「一緒にいる人たちを見れば、その人物がわかる」とよく言われますが、それが真実なら、私は自分なりに最善の人間になっているはずです。

訳者あとがき

「3カ月間、33のアイテム（小物、靴、アクセサリーも含める）だけで過ごすファッションチャレンジ」。そう聞いたら誰もが「無理……」と思ってしまうのではないでしょうか？

著者のコートニー・カーヴァー自身も、最初はそんなストイックなことができるとは思っていませんでした。だって彼女は、広告代理店の幹部として働きながら、いいことがあったと言っては買い、仕事で必要だからと言っては買い、なんだかパッとしないから買い……と、服を買い続け（しかもローンで！）、クローゼットに服を押し込み（値札がついたままのものもたくさん！）、ついに服が家中にあふれ出すほどになっていたのです。私たちと同じように、服は、彼女にとって楽しみであると同時に悩みの種であり、解決すべき課題でした。

そんな彼女がいかにして「プロジェクト333」というメソッドを編み出し、服の問題を解決したのか。そして服だけにとどまらず、健康や借金、住居の問題までをも解決し、さらに新しい仕事を始め、ライフスタイルまでも変えるに至ったのか――その興味深い過程が、この本には書かれています。

服って、改めて考えてみると不思議です。なぜ、少しでも細く見せたいの？　なぜ、「仕事ができる」風に見せたいの？　なぜ、トレンド感を出したいの？　なぜあなたは、「この服を着れば自信が持てる」と思うの？　私たちは、服を着ることでさまざまな自分を演出しています。でもそれは、もしかしたら「本当の自分」を置き去りにすることになっていない？と、著者は問いかけます。「素敵な自分」になるために必要な気がする新しい服、新しいコスメ、新しいアクセサリーに新しい靴。でも、「これだわ！」と思ったそのアイテムを手に入れて、あなたは思い通り素敵になれたでしょうか。もしかしたら素敵になれたのは一瞬で、しばらくしたらまた新しい「何か」を探し続けていないでしょうか？

「プロジェクト333」は、そんな気づきを私たちに与えてくれます。そして、実は、新しい服を買うことでは人生も現実も変わらない。それよりも、自分に向き合って、ものごとを選び直していくことで変われるんだということがわかってくるのです。

著者は本書で「こうするべき！」という強いメッセージを大上段に構えて述べているわけではありません。多発性硬化症と診断を下されショックを受け、これまでの生活を変えてシンプルな生活を送りたいと思った結果そうなっただけですと、じつに控えめな口調で説明しています。この著者の人柄も本書の大きな魅力のひとつです。

もしもあなたが、「服はたくさんあるのに着るものがない！」というおなじみの悩みをお持ちでしたら、まずは「ワードローブを減らす」ことから始めてください。減らし方は本書にばっちり書かれています。そして3カ月後、あなたはきっと大切なことに集中できるようになり、創造性を発揮しながら毎日を送れるようにもなっているはず。

たかがファッション。されどファッション――。読者のみなさんが本書のメソッドを実践し、人生をよりよい方向へと大きく変えていかれることを願っています。

栗木さつき

［著者］
コートニー・カーヴァー（Courtney Carver）
アメリカの作家、ミニマリスト。2006年に多発性硬化症の診断を下されたことをきっかけに、自分の生き方を見直す。2010年、シンプルな生活を提案するブログ“Be More with Less”を開設。ミニマリスト関連のブログで世界屈指の人気になる。その後、厳選したアイテムで自分らしいおしゃれを楽しむファッション・チャレンジ〈プロジェクト333〉を発案。ファッションをきっかけにシンプルで豊かな生き方を見つけるこのメソッドは、多くの人に影響を与え、世界中のファンが #project333 というハッシュタグをつけて自分のワードローブをインスタグラムに投稿し続けている。著書に“Soulful Simplicity: How Living with Less Can Lead to So Much More”（未邦訳）などがある。

［訳者］
栗木さつき（くりき・さつき）
翻訳家。慶應義塾大学経済学部卒業。訳書に『100万人が信頼した脳科学者の絶対に賢い子になる子育てバイブル』『バレットジャーナル 人生を変えるノート術』『SINGLE TASK 一点集中術――「シングルタスクの原則」ですべての成果が最大になる』『超一流の諜報員が教えるCIA式極秘心理術』（すべてダイヤモンド社）などがある。

もう、服は買わない

2020年12月15日　第１刷発行

著　者――コートニー・カーヴァー
訳　者――栗木さつき
発行所――ダイヤモンド社
〒150-8409　東京都渋谷区神宮前6-12-17
https://www.diamond.co.jp/
電話／03･5778･7233（編集）　03･5778･7240（販売）
装丁――喜來詩織（エントツ）
本文デザイン―三森健太（JUNGLE）
イラスト――Emma Block
DTP――アイ・ハブ
編集協力――小嶋優子
校正――鷗来堂
製作進行――ダイヤモンド・グラフィック社
印刷・製本―勇進印刷
編集担当――長久恵理

ISBN 978-4-478-10959-5